Und vergib uns unsere Schuld?

Kirchen und Klöster im Nationalsozialismus

Begleitband zur Sonderausstellung
der Stiftung *Kloster Dalheim*.
LWL-Landesmuseum für Klosterkultur
17. Mai 2024 bis 18. Mai 2025
herausgegeben von der Stiftung *Kloster Dalheim*.
LWL-Landesmuseum für Klosterkultur

Und vergib uns unsere Schuld?
Kirchen und Klöster im Nationalsozialismus
in der Stiftung *Kloster Dalheim*.
LWL-Landesmuseum für Klosterkultur wird gefördert von:

Inhalt

6 Grußwort

Ingo Grabowsky
10 Einführung in die Ausstellung

Carolin Mischer
20 Wie ist die Lage in Deutschland vor 1933?

Kirsten John-Stucke
28 Wie hielten es Nationalsozialisten mit dem Christentum?

Oliver Arnhold
34 Hat das evangelische Deutschland den Nationalsozialismus unterstützt?

Carolin Mischer
42 War die katholische Kirche Gegner oder Partner des Nationalsozialismus?

Hubert Wolf
50 Hat der Papst geschwiegen?

Sonja Rakoczy
60 Waren die Kirchen und Klöster auch Opfer des Regimes?

Olaf Blaschke
68 Widerwille, Widerspruch, Widerstand?

Sonja Rakoczy
76 Konsens, Kooperation, Mittäterschaft?

Andreas Joch
84 Wie christlich ist der Antisemitismus?

Sonja Rakoczy
92 Vergeben und Vergessen?

100 Anhang

Liebe Besucherinnen und Besucher,

schließen sich der christliche Glaube und der Glaube an den Nationalsozialismus aus? Die Frage nach dem Verhältnis der christlichen Kirchen und Klöster zum Nationalsozialismus steht im Zeichen einer beispiellosen moralischen Fallhöhe.

Unter dem Titel „Und vergib uns unsere Schuld? Kirchen und Klöster im Nationalsozialismus" arbeitet die Stiftung *Kloster Dalheim* im LWL-Landesmuseum für Klosterkultur die komplexe Wechselbeziehung von Christentum und Nationalsozialismus erstmals in einer großangelegten Sonderausstellung für ein breites Publikum auf.

Im Spannungsfeld von institutioneller Verantwortung und persönlicher Gewissensfrage stellt die Ausstellung dabei kirchliches und christliches Verhalten in den Kontext der Zeit und zeigt anhand bewegender Beispiele von den einfachen Gläubigen über evangelische und katholische Ordensleute und Bischöfe bis hin zum Papst mögliche Motive für individuelles Handeln bzw. Nicht-Handeln auf.

Die Schau beleuchtet die Maßnahmen, mit denen die Nationalsozialisten den christlichen Glauben aus dem Alltag zu verdrängen suchten, und fragt, welchen Einfluss christliche Motive beim Widerstand gegen den Nationalsozialismus hatten. Die Ausstellung zeigt zugleich aber auch, auf welche Weise die christlichen Kirchen und ihre Mitglieder in die nationalsozialistische Unterdrückungs- und Vernichtungspolitik verstrickt waren. Ein weiteres Augenmerk liegt auf der institutionellen Aufarbeitung der Rolle der beiden großen christlichen Kirchen im Nationalsozialismus.

Unser Dank gilt dem hochrangig besetzten wissenschaftlichen Beirat, dem ausgewiesene Fachleute aus Theologie und Geschichtswissenschaft angehörten, für sein großes Engagement und die wertvolle Expertise.

Et si omnes ego non (lat.: Auch wenn es alle tun, ich nicht) – in seinen Lebenserinnerungen gedenkt der Historiker Joachim Fest (1926–2006) mit diesem Leitsatz biblischen Ursprungs (vgl. Mt 26,33) seines Vaters, der sich in der Zeit des Nationalsozialismus als moralisch standfestes Vorbild den Zumutungen und Forderungen des Regimes entzog.

Uns allen mag dieser Ausspruch – wie auch diese Ausstellung – Mahnung und Orientierung sein, nicht gleichgültig zu werden, sondern mit dem Wissen um die Vergangenheit den Herausforderungen der Zeit mutig entgegenzutreten.

Dr. Georg Lunemann
Der Direktor
des Landschaftsverbandes
Westfalen-Lippe
Vorsitzender des Kuratoriums
der Stiftung *Kloster Dalheim*

Dr. Barbara Rüschoff-Parzinger
LWL-Kulturdezernentin
Vorsitzende des Vorstands
der Stiftung *Kloster Dalheim*

Ingo Grabowsky
Einführung in die Ausstellung

Kirchen und Klöster im Nationalsozialismus! Wenige zeitgeschichtliche Themen sind so emotionsbeladen und zugleich auch in der Fachwissenschaft so umstritten. Wenige rufen so reflexhaft moralbeschwerte Diskussionen hervor, wo die Geschichtswissenschaft klassischer Prägung doch zunächst das historische Geschehen rekonstruieren und seine Ursachen ergründen möchte. „[E]r will bloß zeigen, wie es eigentlich gewesen"[1], so Leopold von Ranke (1795–1886), einer der Begründer des Faches, über den Beruf des Historikers. Die Zeit des Nationalsozialismus aber sperrt sich gegen dieses einfach scheinende Postulat Rankes: Zwischen Apologie und Anklage bewegen sich die Meinungen, wenn es um die handelnden Personen auf evangelischer wie katholischer Seite geht. Oder wie es der Historiker Olaf Blaschke formuliert: „Kollaboration oder Widerstand, Affinität oder Unvereinbarkeit, Täter oder Opfer, Mitverbrecher oder Mitverfolgte – die Debatte über diese Positionen hält an."[2] Das Ende des Zweiten Weltkriegs jährt sich 2025 zum achtzigsten Mal. Und es ist vorauszusehen, dass die Debatten um die „deutsche Katastrophe" an Fahrt aufnehmen werden, je näher der 8. Mai 2025 rückt.[3] Der Blick auf die historischen Zusammenhänge kann dabei helfen, ein differenziertes Bild der Epoche zu entwerfen, in der es neben klaren Fällen von Schuldigwerden, Versagen und auch Heldentum und Selbstaufopferung etliche Zwischenstufen und Uneindeutigkeiten gibt.

Dabei sollen sowohl die Sonderausstellung „Und vergib uns unsere Schuld? Kirchen und Klöster im Nationalsozialismus" der Stiftung *Kloster Dalheim. LWL-Landesmuseum für Klosterkultur* als auch das Begleitbuch Publikum und Leserschaft eine Meinung nicht aufnötigen, aber doch ermöglichen. Die Situation der Kirchen im Nationalsozialismus war komplex und vieldeutig. Wir haben es auf kirchlicher Seite mit den unterschiedlichsten Institutionen, Interessengruppen und Schichten zu tun. Evangelische Landeskirchen, Katholische Arbeitnehmer-Bewegung, Deutsche Christen, Bekennende Kirche, Heiliger Stuhl, Fuldaer Bischofskonferenz, Klöster, Orden und die Angehörigen der Kirchen, die Kirchenvölker also, die – wie es der Historiker Michael Kißener für den katholischen Teil der Deutschen formuliert – keineswegs ein „ihrem geistlichen Oberhaupte, dem römischen Papst, willenlos ergebener Block"[4] waren. Von *den* Kirchen oder *den* Klöstern ist also im Kontext der Geschichte des Nationalsozialismus – wie übrigens generell – nicht sinnvoll zu sprechen. Schon unter den Bischöfen beider Konfessionen waren die Meinungen über den sinnvollen Umgang mit dem Nationalsozialismus sehr unterschiedlich – diese Beobachtung ließe sich auf vielen Ebenen treffen.

Voraussetzungen

Der Nationalsozialismus und die Rolle, die Kirchen und Christen darin spielten, sind ohne die Vorprägungen der Weimarer Zeit nicht denkbar. Während das evangelische Deutschland durch den Zusammenbruch des Kaiserreichs und den Verlust der Gemeinschaft von Thron und Altar einen signifikanten Bedeutungsverlust hinnehmen musste, gab es für die Katholiken und ihre wichtigste parteipolitische Repräsentanz, die Deutsche Zentrumspartei, einen Bedeutungszuwachs. Obgleich die katholische Kirche an sich die neue demokratische Ordnung skeptisch sah, gehörte die Zentrumspartei zu den Stabilisatoren der

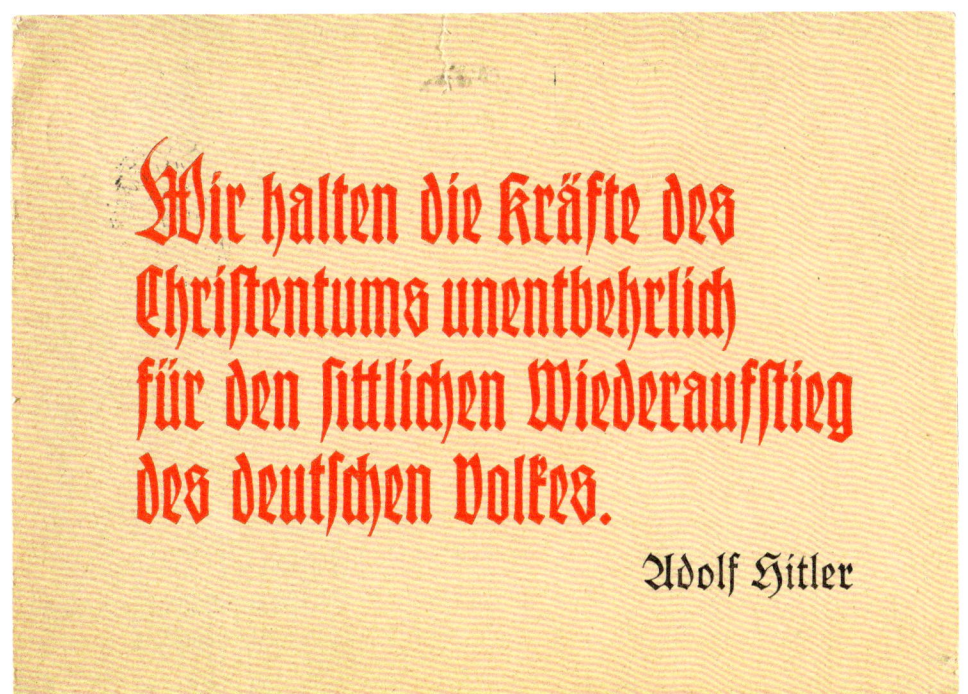

Abb. 1
Postkarte, 1933
Berlin, Stiftung Deutsches
Historisches Museum, Do 2 97/82

Weimarer Republik. Zwar bildete sich die Nationalsozialistische Deutsche Arbeiterpartei (NSDAP) im katholischen Mikromilieu Münchens. An die Macht gewählt jedoch wurde sie überwiegend von Protestantinnen und Protestanten.[5] Gemeinsam war beiden Konfessionen vermutlich das Gefühl der Bedrohung durch das kommunistische Regime in der Sowjetunion und dessen deutsche Adepten: Die Kommunisten hatten zehntausende von Priestern, Nonnen und Mönchen ermordet, von den einfachen Gläubigen ganz abgesehen. Der Nationalsozialismus erschien vielen als Gegengewicht zum Kommunismus. So warnte der evangelische Pfarrer und spätere SA-Mann Karl Themel (1890–1973) im Jahr 1931 vor dem „Eindringen des Bolschewismus in Deutschland".[6] Und noch den Russlandfeldzug, bei dessen Beginn 1941 der verbrecherische Charakter des nationalsozialistischen Regimes schon unübersehbar war, sahen nicht wenige als „Kreuzzug gegen den Feind der Menschen" und den „jüdischen Bolschewismus"[7], wie es aus Feldpostbriefen von Jesuiten, die in der Wehrmacht dienten hervorgeht.

Ausschlaggebend für die Haltung der Kirchen zum Nationalsozialismus war das Weltbild, das diese neue politische Bewegung prägte: Antichristliche und antikirchliche Überzeugungen zählten von Beginn an dazu. Radikale Nationalsozialisten entwickelten ein neuheidnisches Brauchtum, das christliche Feste ersetzen sollte. Daneben gab es jedoch auch religiöse NSDAP-Mitglieder, die die Kirchen zu Säulen des Staates entwickeln wollten. Adolf Hitler selbst pflegte aus taktischen Gründen ein opportunistisches Verhältnis zu den Kirchen: Solange er die Kirchen zu brauchen meinte, bemühte er sich um ein gutes Verhältnis (vgl. Abb. 1). Mit zunehmender Etablierung seiner Macht mehrten sich auch die Angriffe auf die Kirche und die Versuche, die christliche Konkurrenz „im Kampf um die Herrschaft über die Herzen und Köpfe der Menschen"[8] auszuschalten.

Das evangelische Deutschland

Dem entspricht die Zustimmung, die die NSDAP bereits vor 1933 und vor allem mit der sogenannten „Machtergreifung" im evangelischen Deutschland erfuhr.[9] Die Begeisterung für die NSDAP bei vielen evangelischen Christen lässt sich sicher auch als Reaktion auf den Bedeutungsverlust sehen, dem die evangelische Kirche durch das Ende des Kaiserreichs 1918 ausgesetzt war. Viele hofften, der „Führer" und seine Partei würden die evangelische Dominanz im Reich, die nach dem Ersten Weltkrieg verlorengegangen war, wiederherstellen. Doch bildete sich als

Abb. 2
**Mitgliedsabzeichen
Deutsche Christen, nach 1932**
Nürnberg, Stadtarchiv, A 15 Nr. 41

Gegenpol zu den regimetreuen Deutschen Christen (vgl. Abb. 2) auch eine Bekennende Kirche, die sich gegen die komplette Unterwerfung unter die judenfeindliche Ideologie des Regimes wandte – obschon es auch hier Sympathien für manche Inhalte der nationalsozialistischen Politik gab.[10] Der Mut eines Dietrich Bonhoeffer (1906–1945), der im Widerstand aktiv war, oder einer Elisabeth Schmitz (1893–1977), die dazu aufrief, gegen die Judenverfolgung zu protestieren, blieb die Ausnahme.

Die katholische Kirche in der Herausforderung

Die katholische Kirche, die dem Nationalsozialismus bis 1933 wegen dessen Rassenideologie und des den Interessen der Kirche entgegenlaufenden Totalitätsanspruchs ablehnend gegenübergestanden hatte, arrangierte sich nach der „Machtergreifung" zunächst mit dem System. Der als Reichskonkordat geläufige Vertrag zwischen Heiligem Stuhl und Deutschem Reich steht für den Versuch, die Position der Kirche im neuen politischen Umfeld zu sichern und „Unsern treuen Söhnen und Töchtern in Deutschland im Rahmen des Menschenmöglichen die Spannungen und Leiden [zu] ersparen."[11] Als einziger Institution in Deutschland gelang es der katholischen Kirche, sich der „Gleichschaltung weitgehend erfolgreich [zu] entziehen."[12] Als sich die Angriffe der Nationalsozialisten auf die Kirche, ihre Mitglieder und Institutionen, mehrten, wuchsen zugleich die Bemühungen, Widerstand zu leisten oder zumindest das nackte Überleben zu sichern. Umstritten bleiben bis heute die Gründe für die insgesamt nur vereinzelten Proteste auch aus der katholischen Kirche gegen die NS-Vernichtungspolitik. Diskutiert wird nach wie vor die Art und Weise des Umgangs von Papst Pius XII. (amt. 1939–1958) mit der Judenverfolgung. Prägend für das Verhalten des Papstes und anderer katholischer Akteure scheint das Bemühen gewesen zu sein, die Handlungsfähigkeit der eigenen Institutionen zu erhalten und sie vor dem Zugriff durch das NS-Regime zu schützen.

Widerstand und Unterdrückung

Die Kirchen und andere christliche Gruppierungen wie die Zeugen Jehovas, die seinerzeit als „Ernste Bibelforscher" geläufig waren, bildeten im Nationalsozialismus selbst das Ziel von Angriffen. Kirchliche Einrichtungen und Klöster wurden enteignet, den Orden damit ihre wirtschaftliche Grundlage entzogen.[13] Zum Widerstand gegen das Regime entschlossen sich jedoch immer nur wenige – abgesehen von gelegentlichen Bürgerprotesten gegen einzelne Maßnahmen: Als die Nationalsozialisten im November 1936 im Land Oldenburg versuchten, die Schulkreuze aus den Klassenzimmern zu verbannen, trafen sie auf den letztlich erfolgreichen Protest der Bevölkerung. Wichtige Akteure des Widerstands zogen ihre Motivation aus ihrer christlichen Grundhaltung: Dazu zählten die in der „Weißen Rose" aktiven Jugendlichen (Abb. 3 und 4), „junge, lebensfrohe Christen"[14], wie der Historiker Golo Mann (1909–1994) sie nannte. Dazu zählten auch Geistliche wie der regimekritische Jesuitenpater Alfred Delp (1907–1945), der als Mitglied des „Kreisauer Kreises" Pläne für ein Deutschland nach der nationalsozialistischen Herrschaft schmiedete. Insgesamt wurden unter dem

NS-Regime „900 evangelische Christen – Pfarrer und Laien – wegen ihrer aus dem Glauben motivierten Widersetzlichkeit verhaftet und bestraft."[15] Opfer von „Straf- und Disziplinierungsmaßnahmen" durch die Nationalsozialisten wurden ca. 22.700 katholische Geistliche.[16]

Kollaboration und Mehrdeutigkeiten

Auf der anderen Seite befürworteten Menschen, die sich als Christen verstanden, das nationalsozialistische Regime und seine Ideologie. Klöster und andere kirchliche Institutionen profitierten von Zwangsarbeit oder wirkten an der Vernichtung von Menschengruppen mit, etwa bei der staatlich befohlenen Tötung von Schwerkranken und Behinderten im Zuge der sogenannten „Euthanasie". Die Gründe konnten vielfach sein: Fanatismus zählte sicher dazu, aber auch Kleinmut, Naivität und Überforderung. Und auch hier gibt es Mehrdeutigkeiten: Manche Geistlichen teilten z.B. den Hass auf die Juden, schraken aber vor der Konsequenz der NS-Vernichtungspolitik zurück. Der Franziskaner-Minorit Maximilian Kolbe OFMConv (1894–1941), der vor dem deutschen Überfall auf Polen judenfeindliche Artikel publiziert hatte, versteckte nach dem deutschen Einmarsch in Polen Juden und andere Verfolgte vor den deutschen Häschern. Der evangelische Bischof Theophil Wurm (1868–1953), zunächst ein Befürworter des Nationalsozialismus, änderte seine Haltung im Angesicht der Terrornacht vom 9. November 1938, der sogenannten „Reichskristallnacht". Dennoch: Eine Vielzahl von Quellen belegt die Verstrickungen der Kirchen und ihrer Mitglieder in das nationalsozialistische Regime. Gemeinden schmückten ihre Kirchen mit Kunstwerken, die der nationalsozialistischen Ideologie entsprachen. Bereits 1933 gehörten zwanzig Prozent der evangelischen Pfarrer der NSDAP an. Für Schleswig-Holstein ließ sich feststellen, dass vierzig Prozent der evangelischen Pfarrer Mitglied der NSDAP, der Sturmabteilung (SA) oder der Schutzstaffel (SS) waren. Durch die Tätigkeit als Militärpfarrer wirkten Vertreter der beiden Amtskirchen unmittelbar auch am Vernichtungskrieg mit.[17]

Christliche Wurzeln der Judenfeindschaft?

Der rassistische Antisemitismus, dem auch Reichskanzler Adolf Hitler (1889–1945) und seine Parteigänger von der NSDAP anhingen, entstand im 19. Jahrhundert: Er verstand sich als weltlich und „wissenschaftlich" begründet – ohne einen extremen und primitiven Sozialdarwinismus, der im menschlichen Zusammenleben einen „Kampf ums Dasein" sah, ist der Antisemitismus nicht denkbar. In der Pseudo-Naturwissenschaftlichkeit unterscheidet sich der Antisemitismus von der hergebrachten, seit den Anfangstagen des Christentums existierenden christlichen Judenfeindschaft, die sich vor allem gegen das Judentum als Religion richtete. Die christlichen Kirchen lehnten die Vernichtung der sogenannten „jüdischen Rasse" ab. Ein weiteres Kennzeichen grenzt den Antisemitismus vom Antijudaismus ab: Während Juden zumindest im Prinzip, wenn auch nicht immer, vor mittelalterlichen Verfolgungen und Drangsalierungen durch die Taufe das nackte Leben retten konnten, war der rassistische Judenhass nicht hintergehbar: Als Jude galt, wen die Nationalsozialisten aufgrund seiner Abstammung zu einem solchen erklärten.

Abb. 3
Die Widerstandgruppe Weiße Rose – hier die Geschwister Hans und Sophie Scholl mit Christoph Probst – verteilte seit Sommer 1942 Flugblätter gegen den Nationalsozialismus.

Abb. 4
Letztes Flugblatt der Weißen Rose, 1943 von der Royal Air Force über deutschen Städten abgeworfen
Warendorf, Kreisarchiv
S 3 Nr. 4779

EIN DEUTSCHES FLUGBLATT

DIES ist der Text eines deutschen Flugblatts, von dem ein Exemplar nach England gelangt ist. Studenten der Universität München haben es im Februar dieses Jahres verfasst und in der Universität verteilt. Sechs von ihnen sind dafür hingerichtet worden, andere wurden eingesperrt, andere strafweise an die Front geschickt. Seither werden auch an allen anderen deutschen Universitäten die Studenten „ausgesiebt". Das Flugblatt drückt also offenbar die Gesinnungen eines beträchtlichen Teils der deutschen Studenten aus.

Aber es sind nicht nur die Studenten. In allen Schichten gibt es Deutsche, die Deutschlands wirkliche Lage erkannt haben; Goebbels schimpft sie „die Objektiven". Ob Deutschland noch selber sein Schicksal wenden kann, hängt davon ab, dass diese Menschen sich zusammenfinden und handeln. Das weiss Goebbels, und deswegen beteuert er krampfhaft, „dass diese Sorte Mensch zahlenmässig nicht ins Gewicht fällt". Sie sollen nicht wissen, wie viele sie sind.

Wir werden den Krieg sowieso gewinnen. Aber wir sehen nicht ein, warum die Vernünftigen und Anständigen in Deutschland nicht zu Worte kommen sollen. Deswegen werfen die Flieger der RAF zugleich mit ihren Bomben jetzt dieses Flugblatt, für das sechs junge Deutsche gestorben sind, und das die Gestapo natürlich sofort konfisziert hat, in Millionen von Exemplaren über Deutschland ab.

Manifest der Münchner Studenten

Erschüttert steht unser Volk vor dem Untergang der Männer von Stalingrad. 330.000 deutsche Männer hat die geniale Strategie des Weltkriegsgefreiten sinn- und verantwortungslos in Tod und Verderben gehetzt. Führer, wir danken Dir!

Es gärt im deutschen Volk. Wollen wir weiter einem Dilettanten das Schicksal unserer Armeen anvertrauen? Wollen wir den niedrigsten Machtinstinkten einer Parteiclique den Rest der deutschen Jugend opfern? Nimmermehr!

Der Tag der Abrechnung ist gekommen, der Abrechnung unserer deutschen Jugend mit der verabscheuungswürdigsten Tyrannei, die unser Volk je erduldet hat. Im Namen des ganzen deutschen Volkes fordern wir von dem Staat Adolf Hitlers die persönliche Freiheit, das kostbarste Gut der Deutschen zurück, um das er uns in der erbärmlichsten Weise betrogen hat.

In einem Staat rücksichtsloser Knebelung jeder freien Meinungsäußerung sind wir aufgewachsen.

G.39

Manifest der Münchner Studenten
Fortsetzung

HJ, SA und SS haben uns in den fruchtbarsten Bildungsjahren unseres Lebens zu uniformieren, zu revolutionieren, zu narkotisieren versucht. Weltanschauliche Schulung hieß die verächtliche Methode, das aufkeimende Selbstdenken und Selbstwerten in einem Nebel leerer Phrasen zu ersticken. Eine Führerauslese, wie sie teuflischer und zugleich bornierter nicht gedacht werden kann, zieht ihre künftigen Parteibonzen auf Ordensburgen zu gottlosen, schamlosen und gewissenlosen Ausbeutern und Mordbuben heran, zur blinden, stupiden Führergefolgschaft. Wir „Arbeiter des Geistes" wären gerade recht, dieser neuen Herrenschicht den Knüppel zu machen.

Frontkämpfer werden von Studentenführern und Gauleiteraspiranten wie Schulbuben gemaßregelt, Gauleiter greifen mit geilen Späßen den Studentinnen an ihre Ehre. Deutsche Studentinnen haben an der Münchner Hochschule auf die Besudelung ihrer Ehre eine würdige Antwort gegeben, deutsche Studenten haben sich für ihre Kameradinnen eingesetzt und standgehalten. Das ist ein Anfang zur Erkämpfung unserer freien Selbstbestimmung, ohne die geistige Werte nicht geschaffen werden können. Unser Dank gilt den tapferen Kameradinnen und Kameraden, die mit leuchtendem Beispiel vorangegangen sind.

Es gibt für uns nur eine Parole: **Kampf gegen die Partei! Heraus aus den Parteigliederungen**, in denen man uns politisch weiter mundtot machen will! Heraus aus den Hörsälen der SS-Unter- und Oberführer und Parteikriecher! Es geht uns um wahre Wissenschaft und echte Geistesfreiheit! Kein Drohmittel kann uns schrecken, auch nicht die Schließung unserer Hochschulen. Es gilt den Kampf jedes einzelnen von uns um unsere Zukunft, unsere Freiheit und Ehre in einem seiner sittlichen Verantwortung bewußten Staatswesen.

Freiheit und Ehre! Zehn Jahre lang haben Hitler und seine Genossen die beiden herrlichen deutschen Worte bis zum Ekel ausgequetscht, abgedroschen, verdreht, wie es nur Dilettanten vermögen, die die höchsten Werte einer Nation vor die Säue werfen. Was ihnen Freiheit und Ehre gilt, das haben sie in zehn Jahren der Zerstörung aller materiellen und geistigen Freiheit, aller sittlichen Substanz im deutschen Volk genugsam gezeigt. Auch dem dümmsten Deutschen hat das furchtbare Blutbad die Augen geöffnet, das sie im Namen von Freiheit und Ehre der deutschen Nation in ganz Europa angerichtet haben und täglich neu anrichten. Der deutsche Name bleibt für immer geschändet, wenn nicht die deutsche Jugend endlich aufsteht, rächt und sühnt zugleich, seine Peiniger zerschmettert und ein neues, geistiges Europa aufrichtet.

Studentinnen! Studenten! Auf uns sieht das deutsche Volk. Von uns erwartet es, so wie in 1813 die Brechung des napoleonischen, so 1943 des nationalsozialistischen Terrors aus der Macht des Geistes. Beresina und Stalingrad flammen im Osten auf, die Toten von Stalingrad beschwören uns: Frisch auf, mein Volk, die Flammenzeichen rauchen!

Unser Volk steht im Aufbruch gegen die Verknechtung Europas durch den Nationalsozialismus, im neuen gläubigen Durchbruch von Freiheit und Ehre!

Aufarbeitung?

Nach dem Krieg distanzierten sich die Kirchen vom Nationalsozialismus – lange Zeit herrschte das Bild vor, die Kirchen seien allein Opfer und Gegner des Regimes gewesen. Der eigenen Schuld stellten sich die Kirchen nach und nach und im größeren Umfang erst seit den 1960er Jahren. Am weitesten ging Papst Johannes Paul II. (amt. 1978–2005), der an der Klagemauer in Jerusalem Gott um Vergebung bat und die vielfältige Schuld von Christen gegenüber Juden bekannte.

Bis heute lässt sich in der Forschung wie in der öffentlichen Debatte keine einhellige Meinung über das Verhältnis von Kirchen, Klöstern und Christen zum Nationalsozialismus feststellen. Zeigen lässt sich zwar, wie Kirchenvertreter und andere Christen handelten. Doch selbst da, wo sich Motive für ihr Handeln oder Unterlassen rekonstruieren lassen, liegt deren Bewertung häufig genug im Auge des Betrachters.

Anmerkungen

1. Zitiert nach Evans 1999, S. 25.
2. Blaschke 2014, S. 14.
3. Den Begriff der „deutschen Katastrophe" prägte Friedrich Meinecke in seiner 1946 erschienenen gleichnamigen Schrift: Meinecke 1946.
4. Kißener 2009, S. 15.
5. Vgl. Blaschke 2014, S. 65ff.
6. Themel 1931, S. 5.
7. Zitiert nach Blaschke 2014, S. 218.
8. So formuliert es der Historiker Michael Burleigh, zitiert nach Hildebrand 2003, S. 15.
9. Vgl. Scholder 1977 a, S. 277ff.
10. Vgl. Blaschke 2014, S. 98.
11. Pius XI. 1937.
12. Wolf 2009, S. 17.
13. Vgl. Volk 2004, S. 99.
14. Mann 1958, S. 185.
15. Benz 2000, S. 124.
16. Hürten 1992, S. 574.
17. Vgl. Blaschke 2014, S. 137.; und Helge-Fabien Hertz zitiert nach Schellen 2022.

Carolin Mischer
Wie ist die Lage in Deutschland vor 1933?

Mit der Ernennung Adolf Hitlers (1889–1945) zum Reichskanzler endete die Weimarer Republik im Januar 1933. Seither setzen sich Historiker mit der Frage auseinander, wie es zum Aufstieg der Nationalsozialisten und dem Ende der ersten Demokratie in Deutschland kommen konnte.[1] Der Beitrag zeichnet nach, auf welchem Nährboden sich der Nationalsozialismus in den 1920er und 1930er Jahren im Deutschen Reich entwickelte und zeigt Ursachen auf, die zum Scheitern der Weimarer Republik beitrugen.

Krisenjahre 1919–1923

Am Ende des Ersten Weltkrieges verweigerten deutsche Matrosen angesichts der ausweglosen Kriegssituation Ende Oktober 1918 den Befehl der Marineleitung zum Auslaufen der Hochseeflotte. Das war der Beginn einer Revolution im Deutschen Reich. Im Zuge der politischen Unruhen folgten am 9. November die Ausrufung der Weimarer Republik durch den Sozialdemokraten Philipp Scheidemann (1865–1939) und die Abdankung Kaiser Wilhelms II. (1859–1941). Die ersten Jahre der Weimarer Republik waren von politischen, wirtschaftlichen und sozialen Krisen geprägt. Einen Schwerpunkt der Debatten bildete der Versailler Friedensvertrag, der im Juni 1919 zwischen den Siegermächten USA, Frankreich und Großbritannien sowie dem Deutschen Reich geschlossen wurde. Das Ausmaß der Friedensbedingungen empfanden die deutschen Kriegsverlierer als ungerecht (vgl. Abb. 5).

Neben Gebietsabtretungen, die zu Bevölkerungsverlusten von ca. zehn Prozent führten, verlor Deutschland einen großen Anteil seiner Bodenschätze (z.B. Eisen- und Zinkerz) und seinen Kolonialbesitz.[2] Laut Artikel 231 des Vertrages lag die alleinige Kriegsschuld bei Deutschland und seinen Verbündeten, die somit für alle entstandenen Verluste und Schäden auf Seiten der Alliierten haften mussten. 1921 einigten sich die Siegermächte auf die Summe von 132 Milliarden Goldmark, die Deutschland als Reparationszahlungen leisten sollte. Den Versailler Vertrag nutzten Republikgegner zur Diskreditierung und Diffamierung der demokratischen Staatsführung, die diesen unterzeichnet hatte. Es blieb allerdings nicht bei bloßer Propaganda: Rechts- und Linksextremisten versuchten in den frühen 1920er Jahren gewaltsam die Republik zu stürzen.[3]

Auch die beiden großen christlichen Kirchen standen der Weimarer Republik kritisch gegenüber. Vor allem für die Protestanten, die 1925 mit 64,1 Prozent die mitgliederstärkste Konfession in der Republik darstellten,[4] bedeutete das Ende des Kaiserreichs einen Umbruch: Die enge Verbindung von Thron und Altar – die Fürsten waren zugleich auch Kirchenherren – wurde aufgelöst.[5] Viele Katholiken sahen in der Revolution am Ende des Ersten Weltkriegs 1918 einen Rechtsbruch, und insbesondere Kleriker klagten den fehlenden Gottesbezug in der Weimarer Verfassung an.[6]

Die innenpolitischen Belastungen der Republik wurden ab 1923 durch eine ökonomische Krise verstärkt. Die bereits während des Weltkrieges einsetzende Inflation erfuhr durch die Reparationszahlungen nach Kriegsende eine deutliche Verschärfung. Die Besetzung des Ruhrgebiets durch belgische und französische Truppen im Januar 1923 (Ruhrbesetzung) löste den endgültigen wirtschaftlichen Zusammenbruch aus:[7] Die

Abb. 5
Louis Oppenheim: Was wir verlieren sollen!
Plakat zum Versailler Vertrag, 1919
Landesarchiv Thüringen – Staatsarchiv Altenburg,
Plakate Nr. 963

Abb. 6
**Notgeldschein
50.000.000 Mark, 1923**
Privatleihgabe

Regierung rief die Bevölkerung zum Generalstreik gegen die Besatzungsmächte auf. Die Lohnfortzahlung für die Streikenden übernahm der bereits hoch verschuldete Staat mittels einer Erhöhung des Geldumlaufs durch den Druck von Banknoten. Binnen kurzer Zeit kam es zur Hyperinflation: So kostete ein Kilogramm Brot im Juli 1923 schon 1895 Mark, im November dann sogar 78 Milliarden Mark (vgl. Abb. 6).[8]

Durch eine Währungsreform, die Einführung der Rentenmark, konnte die Inflation Mitte November gestoppt werden.[9]

Die „Goldenen Zwanziger" 1924–1929

Nach Beendigung der Inflation gelangte die Republik in eine Phase wirtschaftlicher Erholung und relativer politischer Stabilität. Amerikanische Kredite trugen zur Stabilisierung der Finanzen bei, und mit dem Eintritt in den internationalen Völkerbund 1926 endete die Isolation der Weimarer Republik.[10] Die Künste und die kulturelle Sphäre überhaupt erlebten in der Mitte des Jahrzehnts eine Blütezeit. In der Hauptstadt Berlin zogen Theateraufführungen und Nachtclubs, Kabaretts und Kinos die Menschen in den Bann. Neben dem Radio gelangten weitere technische Innovationen wie das elektrische Bügeleisen oder der Staubsauger in die Haushalte, die vor allem Erleichterung bei der Hausarbeit versprachen. Zu der weiterhin bestehenden traditionellen Rolle der Mutter und Hausfrau trat das Bild der emanzipierten „Neuen Frau", die die Haare als kurzen „Bubikopf" trug, Auto fuhr und einen Beruf ausübte. Mit dem Jahr 1919 waren Frauen erstmals wahlberechtigt.[11] Auch Jüdinnen und Juden waren gemäß der Weimarer Verfassung nunmehr gleichberechtigt, gewährte diese doch Glaubensfreiheit und freie Religions-

Abb. 7
**Fritzi Massary:
Eine Frau, die weiß, was sie will
Schellackplatte, 1932**
Lichtenau, Stiftung *Kloster Dalheim.*
LWL-Landesmuseum für Klosterkultur

ausübung. 1925 betrug der Anteil der jüdischen Bevölkerung 0,9 Prozent.[12] Die meisten Jüdinnen und Juden lebten in Großstädten wie Frankfurt am Main oder Berlin. So auch die Schauspielerin und Sängerin Fritzi Massary (Friederike Massarik, 1882–1969). Am Metropol-Theater in Berlin gelang ihr der Durchbruch als Operettensängerin. Im September 1932 feierte dort die Operette *Eine Frau, die weiß, was sie will* Premiere (vgl. Abb. 7).

Mehrere Aufführungen des Stückes wurden gezielt durch antisemitische Zwischenrufe von Mitgliedern der nationalsozialistischen Sturmabteilung (SA) gestört. Aufgrund der starken Zunahme des Antisemitismus verließen die 1917 zum Protestantismus konvertierte Massary und ihr Ehemann, der Schauspieler Max Pallenberg (1877–1934), Deutschland im Jahr 1932. Ihre Karriere konnte Massary wie viele andere nicht mehr fortsetzen.

Niedergang 1929–1933

Im Oktober 1929 löste der drastische Kurssturz an der amerikanischen Börse von New York eine weltweite Wirtschaftskrise aus. Die Arbeitslosigkeit in der Republik erreichte im Januar 1932 mit sechs Millionen Erwerbslosen ihren Höhepunkt.[13] An der Diskussion um die Erhöhung der Beiträge zur Arbeitslosenversicherung zerbrach im März 1930 die von Reichskanzler Hermann Müller (1876–1931) geführte Große Koalition.[14] Reichspräsident Paul von Hindenburg (1847–1934) ernannte mit Heinrich Brüning (1885–1970) einen Vertreter der katholischen Zentrumspartei zu Müllers Nachfolger. Laut Verfassung war der Präsident dazu berechtigt, ohne Zustimmung des Parlaments einen Kanzler zu ernennen.[15] Es begann die Zeit der so genannten Präsidialkabinette, die im Wesentlichen mittels Notverordnungen regierten, für die eine Zustimmung des Reichstags nicht erforderlich war.

Die Weltwirtschaftskrise markierte auch den Aufstieg der Nationalsozialistischen Deutschen Arbeiterpartei (NSDAP) zur Massenpartei. Im Rahmen der vorgezogenen Neuwahlen im September 1930 verzeichnete die Partei 18,3 Prozent der Stimmen und wurde somit nach der Sozialdemokratischen Partei Deutschlands (SPD) zweitstärkste Kraft im Land.[16] Aus der vorgezogenen Reichstagswahl im Juli 1932 ging die NSDAP mit 37,4 Prozent als stärkste politische Kraft hervor.[17] Der Wahlkampf war von Gewaltexzessen rechter und linker Gruppen geprägt. Blutige Straßenkämpfe und Saalschlachten wurden vor allem zwischen dem kommunistischen Rotfrontkämpferbund und der nationalsozialistischen SA ausgetragen. Nationalsozialistische Kampagnen propagierten Adolf Hitler als „nationalen Erlöser", der imstande sei, die Notlage der Menschen zu beenden. Stimmen erhielt die NSDAP vor allem von Handwerkern, Bauern, Angestellten und Beamten der Mittelschicht.

Die von Hitler eingeforderte Kanzlerschaft versagte der Reichspräsident ihm zunächst. Nach einer weiteren Präsidialregierung unterbreitete der ehemalige Kanzler Franz von Papen (1879–1969) Reichspräsident von Hindenburg den Vorschlag, Hitler die Kanzlerschaft einzuräumen, ihn selbst aber als Vizekanzler zu installieren, um den NSDAP-Chef zu kontrollieren. Am 30.1.1933 ernannte von Hindenburg Adolf Hitler schließlich zum Reichskanzler.[18] Binnen anderthalb Jahren wandelte Hitler den Rechtsstaat in eine Diktatur um.

Schlussbemerkung

Nicht eine einzelne Ursache führte zum Ende der Weimarer Republik, vielmehr trugen viele Faktoren zur Schwächung des Staatswesens bei: Außenpolitische Belastungen, wie der Versailler Vertrag, dessen Bedingungen die Mehrheit der Deutschen nicht akzeptieren wollte, lagen wie ein „Schatten" auf dem Land.[19] Es fehlte der Republik an Rückhalt aus der Bevölkerung, und auch die beiden großen christlichen Kirchen erwiesen sich nicht als überzeugte Anhänger des demokratischen Staates. Die ökonomischen Krisen und ihre Folgen sorgten für Unsicherheit in der Bevölkerung. Die Nationalsozialisten machten sich diese zunutze, indem sie den Deutschen die Beendigung der aktuellen Notlage durch den „nationalen Erlöser" Adolf Hitler versprachen. Auch die politischen Eliten spielten eine tragende Rolle beim Ende der Demokratie, als sie glaubten, Hitler „kontrollieren" zu können, anstatt ihm Einhalt zu gebieten.[20]

Anmerkungen

1 Vgl. u. a. Mommsen 1989 und Bracher 1964.
2 Vgl. Büttner 2008, S. 125.
3 Die Umsturzversuche der rechten Extremisten, der sogenannte Kapp-Putsch 1920 und der 1923 folgende Hitlerputsch scheiterten, ebenso wie der linksgerichtete Ruhraufstand 1920, der die Errichtung einer proletarischen Diktatur, also einer Herrschaft der Arbeiterklasse, anstrebte.
4 Der Anteil der römisch-katholischen Gläubigen betrug 32,4 Prozent. Vgl. Büttner 2008, S. 268.
5 Vgl. ebd., S. 269f.
6 So z.B. der Münchner Erzbischof Michael Kardinal Faulhaber (1869–1952). Vgl. ebd., S. 280.
7 Diese begründeten die Besetzung mit ausbleibenden Reparationszahlungen durch die Deutschen.
8 Vgl. Grevelhörster 2015, S. 84.
9 Vgl. Büttner 2008, S. 180.
10 Vgl. Grevelhörster 2015, S. 105.
11 Vgl. Peukert 1997, S. 101.
12 Vgl. Büttner 2008, S. 283.
13 Vgl. Grevelhörster 2015, S. 145.
14 Diese bestand aus der Sozialdemokratischen Partei Deutschlands (SPD), der Deutschen Demokratischen Partei (DDP), der Zentrumspartei, der Bayerischen Volkspartei (BVP) und der Deutschen Volkspartei (DVP).
15 Vgl. Grevelhörster 2015, S. 152f.
16 Vgl. Büttner 2008, S. 419.
17 Vgl. ebd., S. 473.
18 Vgl. Grevelhörster 2015, S. 178ff.
19 Vgl. Winkler 2018, S. 602.
20 Vgl. Büttner 2008, S. 507.

Kirsten John-Stucke
Wie hielten es Nationalsozialisten mit dem Christentum?

Die Weltanschauung der Nationalsozialisten (NS) war geprägt von einem rassistisch motivierten Antisemitismus, der sich von Anfang an auch auf die Politik des NS-Regimes gegenüber den christlichen Kirchen auswirkte. Dabei wird deutlich, dass die Haltung der Nationalsozialisten gegenüber den beiden großen Kirchen in Deutschland nicht eindeutig oder stringent linear angelegt, sondern großen Schwankungen ausgesetzt war: Bemühungen um ein einvernehmliches Miteinander von NS-Staat und Kirchen wurden abgelöst durch Propagandakampagnen mit dem Ziel, die Kirchen nicht nur in ihrer Bedeutung deutlich einzuschränken, sondern sie letztlich auszulöschen. Auch untereinander waren die führenden Nationalsozialisten uneins, wie die Zukunft der Kirchen in einem gleichgeschalteten System im Sinne einer NS-Weltanschauung zu gestalten sei. Es ging um die Frage, ob es ein völkisches, germanisiertes Christentum im Sinne der evangelischen Glaubensbewegung Deutsche Christen geben könne, oder ob das Christentum verdrängt und durch einen „neuen Glauben" ersetzt werden müsse.

Die christlichen Kirchen zwischen Vereinnahmung und Entmachtung

Reichskanzler Adolf Hitler (1889–1945) war nach der „Machtergreifung" im Januar 1933 zunächst vor allem an der Gleichschaltung der 28 evangelischen Landeskirchen und der religiösen Strömungen innerhalb des christlichen Protestantismus interessiert. Daher unterstützte er im Frühjahr 1933 die Ambitionen der nationalsozialistisch gesinnten Deutschen Christen, den Reichsbischof einer neu geplanten Reichskirche zu stellen. Ihr Kandidat war der Wehrkreispfarrer Ludwig Müller (1883–1945), den Hitler mit dem Auftrag, eine evangelische deutsche Reichskirche zu schaffen, zum Bevollmächtigten für die evangelische Kirche ernannte. Mit Unterstützung der Nationalsozialisten wurde Müller zwar zum Reichsbischof gewählt, es gelang ihm allerdings nicht, sämtliche Landeskirchen unter sich zu vereinen. Ebenso erfolglos blieb ein erneuter Zentralisierungsversuch Hitlers mit der Berufung des nationalsozialistischen Politikers Hanns Kerrl (1887–1941) zum Reichsminister für kirchliche Angelegenheiten. Auch Kerrl gelang es nicht, die evangelischen Landeskirchen unter einer Reichskirche zu vereinen. Vielmehr hatte sich mit dem Pfarrernotbund, aus dem 1934 die Bekennende Kirche hervorging, ein innerkirchlicher Widerstand gebildet, dessen Anhänger die NS-Weltanschauung als Antichristentum und Wahnglaube anprangerten und die daher zunehmend unter Verfolgung und Inhaftierungen zu leiden hatten.[1]

Gegenüber der weitgehend geschlossen auftretenden katholischen Kirche zeigte sich Hitler zunächst moderat. Der mit dem Vatikan ausgehandelte Staatsvertrag vom 20. Juli 1933 (Reichskonkordat) garantierte zwar den Fortbestand der katholischen Kirche im Deutschen Reich, doch war damit auch die Auflösung der katholischen Deutschen Zentrumspartei verbunden, was zu einer von Hitler intendierten Ausschaltung des politischen Katholizismus führte. Außerdem hielt sich die NS-Regierung nicht lange an die Vereinbarungen des Konkordats, sondern führte schon bald Kampagnen gegen die katholische Kirche durch, um die Trennung von Kirche und Staat weiter zu forcieren und die kirchlichen Bekenntnisschulen, vor allem Klosterschulen, aufzuheben. Die Nationalsozialisten erfuhren dabei

Abb. 8
Schulkreuz, 1936
Bösel, St.-Martin-Schule,
Oldenburger Münsterland

im Land Oldenburg eine bemerkenswerte Niederlage, als die NS-Regierung im November 1936 die Entfernung aller Kruzifixe aus den Schulen befohlen hatte (vgl. Abb. 8). Aufgrund von Massenprotesten aus der katholischen Bevölkerung sahen sich die Nationalsozialisten gezwungen, diese Anordnung wieder aufzuheben. Im Frühjahr 1937 folgten weitere rigide Maßnahmen der NS-Regierung gegen die katholische Kirche als Reaktion auf die Enzyklika von Papst Pius XI. (amt. 1922–1939) *Mit brennender Sorge,* die sich gegen die Vertragsbrüche und die nationalsozialistische Vorstellung eines „Gottesglaubens" und der „Rassenlehre" richtete. Hitler ließ nun „Sittlichkeitsprozesse" gegen katholische Priester inszenieren, die den Geistlichen „Vergehen gegen die Sittlichkeit" vorwarfen (vor allem homosexuelle Handlungen oder Missbrauch von Schutzbefohlenen) und das Ansehen der Kirche schädigen sollten, sowie Propaganda- und Diffamierungskampagnen gegen Geistliche der katholischen Kirche durchführen.[2]

Im Winter 1937 änderte der Reichskanzler jedoch im Zuge der Aufrüstung und massiven Kriegsvorbereitungen seine Strategie gegenüber den Kirchen grundlegend: Statt weiterhin öffentlichkeitswirksame Maßnahmen zur Entmachtung oder sogar Zerschlagung der Kirchen zu veranlassen, war Hitler nun an einer Befriedung der Kirchenfrage gelegen. Die öffentliche Zurückhaltung der NS-Regierung bedeutete für die Kirchen zwar keine wirkliche Entspannung, drohten ihnen doch weiterhin Einschränkungen und Gewalt, doch fügten sie sich solidarisch in die Kriegsvorbereitungen ein und unterstützten Hitlers Kriegsführung später in Predigten und bei der Seelsorge.[3]

Hitler selbst brachte intern seine antikirchliche Haltung weiterhin zum Ausdruck und kündigte die Zerschlagung des Christentums nach dem erhofften „Endsieg" an. Diese radikale Haltung vertraten ebenfalls einige der führenden Nationalsozialisten, wie der Reichsführer von Hitlers Schutzstaffel (SS) Heinrich Himmler (1900–1945), der Ideologe Alfred Rosenberg (1893–1946) oder Martin Bormann (1900–1945), Reichsleiter der Nationalsozialistischen Deutschen Arbeiterpartei (NSDAP), seit Mai 1941 auch Leiter der Parteikanzlei, und enger Vertrauter Hitlers. In einem geheimen Rundschreiben der Parteikanzlei vom 9. Juni 1941 zum Verhältnis von Nationalsozialismus und Christentum (Abb. 9) stellte Bormann die Unvereinbarkeit von nationalsozialistischer und christlicher Auffassung deutlich heraus.[4] Entgegen Hitlers Anweisung bemühte er sich ab 1942 verstärkt, den Kampf gegen die Kirchen wiederaufzunehmen.

Abb. 9
Martin Bormann: Rundschreiben zum Verhältnis von Nationalsozialismus und Christentum, 9. Juni 1941
Berlin-Lichterfelde, Bundesarchiv, NS 6/336

Abb. 10 (folgende Seite) >
„Julleuchter“ aus dem Familienbesitz eines ehemaligen Waffen-SS-Mannes, nach 1935
Büren, Kreismuseum Wewelsburg, Inv.-Nr. 17308

18

Eingegangen
11. JUNI 1941

Nationalsozialistische Deutsche Arbeiterpartei

Partei-Kanzlei

13. Juni 1941
782/41

Der Leiter der Partei Kanzlei

München 33, den 9. Juni 1941
Führerbau

Rundschreiben Nr. 8/ 41 g.

Betrifft: Verhältnis von Nationalsozialismus und Christentum

Aus Kreisen der Deutschen Christen wurde einem Gauleiter ein Schriftwechsel mit dem evangelischen Oberkirchenrat unterbreitet, in dem der Einsender für eine „starke einheitlich geleitete Deutsche Evangelische Kirche im Großdeutschen Reich" eintritt. Der Gauleiter hat mir diesen Schriftwechsel vorgelegt und mich um Bekanntgabe der grundsätzlichen Einstellung dazu gebeten. Nachstehend gebe ich Ihnen streng vertrauliche Kenntnis von meiner Antwort an diesen Gauleiter:

"Nationalsozialistische und christliche Auffassungen sind unvereinbar. Die christlichen Kirchen bauen auf der Unwissenheit der Menschen auf und sind bemüht, die Unwissenheit möglichst weiter Teile der Bevölkerung zu erhalten, denn nur so können die christlichen Kirchen ihre Macht bewahren. Demgegenüber beruht der Nationalsozialismus auf wissenschaftlichen Fundamenten. Das Christentum hat unveränderliche Grundsätze, die vor fast 2 000 Jahren gesetzt und immer mehr zu wirklichkeitsfremden Dogmen erstarrt sind. Der Nationalsozialismus dagegen muß, wenn er seine Aufgabe auch weiterhin erfüllen soll, stets nach den neuesten Erkenntnissen der wissenschaftlichen Forschung ausgerichtet werden.

-2-

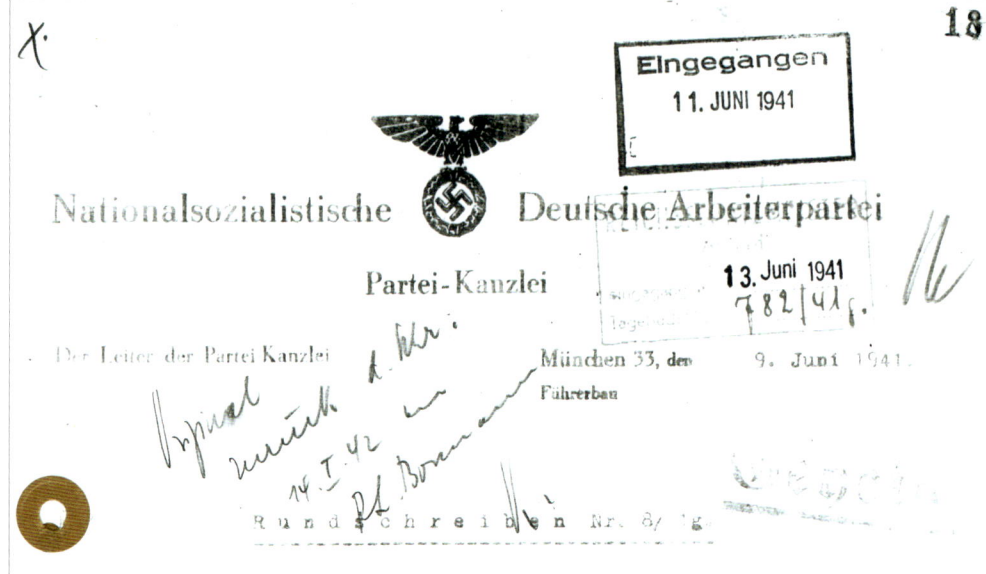

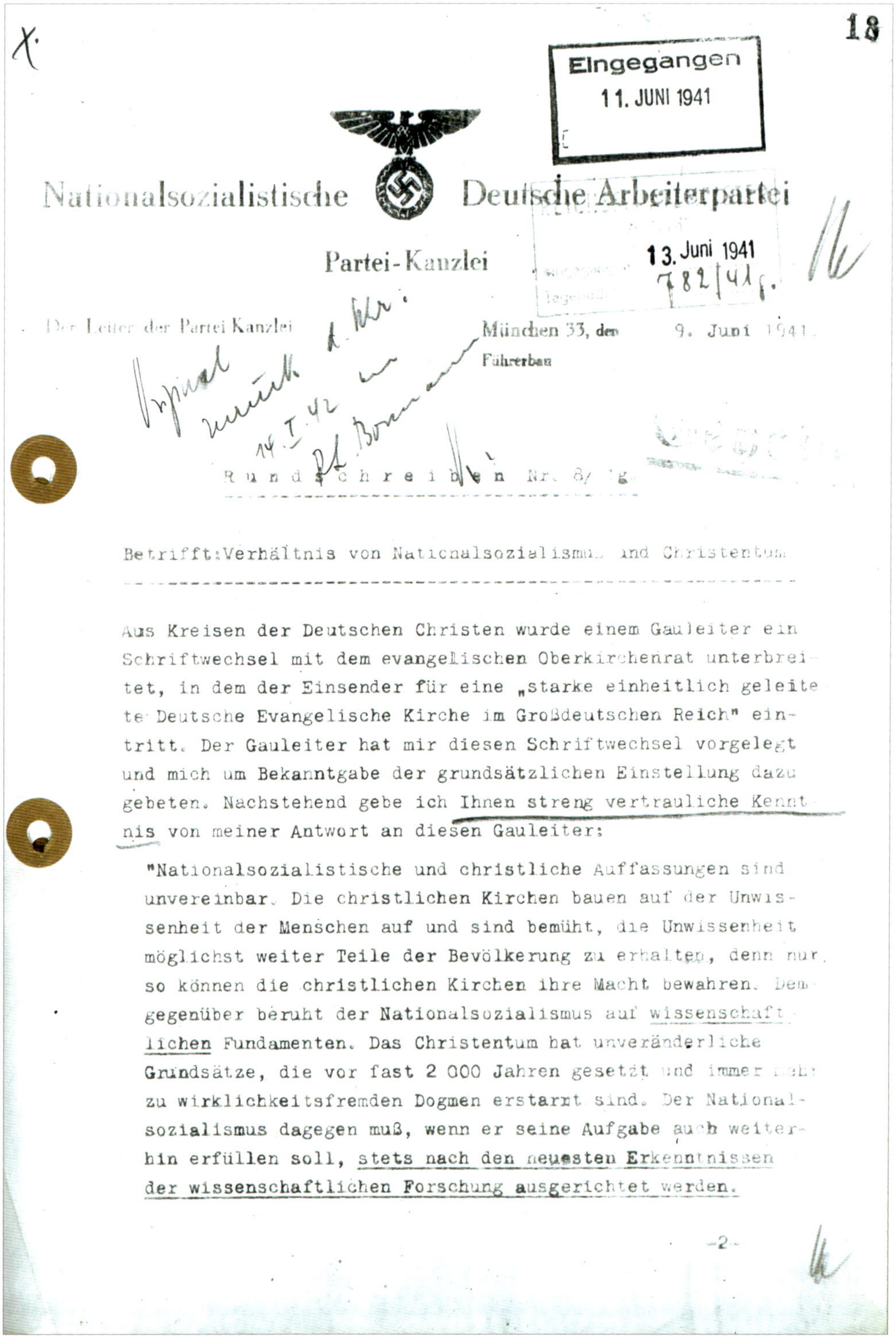

Konzeption und Etablierung einer nationalsozialistischen Ersatz-Religion

Alfred Rosenberg hatte mit seinem 1930 erschienenen Werk *Der Mythus des 20. Jahrhunderts* ideologische Grundlagen für die NS-Weltanschauung gelegt. Er setzte sich darin für eine neue „Religion des Blutes" ein und schlug vier Maßnahmen vor, mit denen das „negative", also traditionelle, Christentum aus Deutschland verdrängt werden solle: Nordische Heldensagen sollten das Alte Testament der Bibel ersetzen. Das Neue Testament sollte von „jüdisch-paulinischen" Einflüssen „gereinigt" und durch ein „fünftes Evangelium" ergänzt werden. Kruzifixe sollten entfernt und durch Darstellungen eines heldenhaften Christus ausgetauscht werden. Und letztlich sollten die beiden großen Kirchen durch eine das „positive" Christentum vertretende deutsche Volkskirche ersetzt werden.[5] Diese antichristlichen Ideen wurden von Adolf Hitler mitgetragen, doch hielt er sich bei der Umsetzung zurück, da er die Zeit dafür noch nicht gekommen sah.

Hitler ernannte Rosenberg 1934 zum Beauftragten des Führers für die Überwachung der gesamten geistigen und weltanschaulichen Schulung und Erziehung der NSDAP. Sein Amt hatte somit entscheidenden Einfluss auf die Neugestaltung der ehemals christlichen Fest- und Feiertage, die nun vom Jahreslauf und der Natur geprägt sein sollten. Vorstellungen anderer völkischer und freireligiöser Gruppierungen flossen in die Konzeption ein. Richtungsweisend war dabei die 1933 von dem Theologen und überzeugten Nationalsozialisten Jakob Wilhelm Hauer (1881–1962) gegründete Deutsche Glaubensbewegung[6], die sich auf einen an die „Rasse" und das Volk gebundenen, „arteigenen Glauben" berief. In ständiger Konkurrenz zu Rosenberg suchte Heinrich Himmler mit dem von ihm gegründeten Verein Forschungsgemeinschaft Deutsches Ahnenerbe e.V. nach eigenen Vorbildern für die Bildung einer elitären Weltanschauung mit SS-eigenem Geschichts- und Religionsverständnis. Himmler selbst gab sich in dem von ihm verfassten Glaubensbekenntnis in der „Anleitung für die Gestaltung der SS-Namensweihe", bestimmt für den Ersatz der christlichen Taufe, als gläubiger Rassenideologe zu erkennen[7]: „Wir glauben an das Volk, des Blutes Träger und an den Führer, den uns Gott bestimmt."[8] Für die SS-Angehörigen legte er am 18. Januar 1937 die drei Möglichkeiten einer Religionszugehörigkeit fest: „Zugehörigkeit zu einer religiösen Vereinigung, wie z.B. einer Kirche, gottgläubig oder ohne Glauben"[9]. Himmlers besonderes Anliegen war die Einführung von völkischen, germanophilen und naturverbundenen Ersatzriten für die weltanschauliche Ausrichtung der SS. Im Rasse- und Siedlungshauptamt der SS gab es die Abteilung Feiergestaltung, die allgemeine Richtlinien für die Gestaltung von neuen Festen für die SS-Sippengemeinschaft herausgab.

Einen besonderen Stellenwert für Himmler besaß der sogenannte „Julleuchter" (Abb. 10), der exklusiv für die SS zuerst in der SS-eigenen Porzellanmanufaktur Allach bei München, später im Klinkerwerk des Konzentrationslagers Neuengamme von den dort Inhaftierten hergestellt wurde. Laut SS sollte es sich bei dem Leuchter um eine Nachbildung aus der germanischen Vergangenheit des Volkes handeln. Tatsächlich wurde der Leuchter allerdings einem um 1800 entstandenen schwedischen Kerzenhalter nachempfunden. Nach Himmlers Vorstellung sollten SS-Familien den „Julleuchter" beim „Julfest" einsetzen, das statt dem christlichen Weihnachtsfest zum Jahresabschluss gefeiert werden sollte. So wurden viele christliche Bräuche von den Nationalsozialisten adaptiert, ihre vermeintlichen „germanischen" Ursprünge wiederentdeckt und völkisch umgedeutet.

Anmerkungen
1 Vgl. Raupp/Smolinsky 2017.
2 Vgl. Longerich 2015, S. 353f.
3 Vgl. ebd., S. 1004.
4 Vgl. Bormann 1941.
5 Vgl. Hesemann 2004, S. 236f.
6 Vgl. Baumann 2005.
7 Vgl. Bärsch 1998.
8 Zitiert nach Ackermann 1970, S. 87.
9 Himmler 1937.

Oliver Arnhold
Hat das evangelische Deutschland den Nationalsozialismus unterstützt?

1933 waren 60 Prozent der ca. 69 Millionen Deutschen Mitglieder der evangelischen Landeskirchen. Ohne Unterstützung des evangelischen Deutschlands wäre somit die „Machtergreifung" der Nationalsozialisten kaum realisierbar gewesen. Dennoch empfiehlt es sich bei der Beantwortung der Frage, ob das evangelische Deutschland den Nationalsozialismus unterstützt hat, die Vielschichtigkeit der Sichtweisen, Interessen, aber auch die Entwicklung und Veränderung der politischen Einstellungen genauer zu beleuchten – was im Rahmen dieses Aufsatzes allerdings nur sehr grob geschehen kann.

Protestantismus und Nationalismus in der Weimarer Republik

Das Verhältnis des deutschen Protestantismus zum Staat war seit der Reformation durch eine besondere Nähe von Thron und Altar, also einer staatskirchlichen Identität von Landesherr und Landeskirche, bestimmt. „Der politische Zusammenbruch des Kaiserreichs" in Deutschland nach dem Ersten Weltkrieg und damit verbunden das Ende des landesherrlichen Kirchenregiments „wurde insbesondere auf evangelischer Seite als Kulturschock erlebt."[1] Gegenüber der Weimarer Republik blieb die Mehrheit der deutschen Protestantinnen und Protestanten distanziert: „80 % der Pastoren und evangelischen Pfarrer zählten [...] zum rechten Spektrum"[2] und zeigten sich vielfach demokratieresistent. So polemisierten viele evangelische Geistliche beispielsweise gegen den „Schandfrieden" von Versailles[3], und machten in Form einer bewusst nationalistischen Haltung Front gegen den „demokratisch verfassten Staat", den sie vielfach „als Fehlgeburt aus Kriegsniederlage und Revolution"[4] begriffen.

Ängste vor den „Schreckgespenstern"[5] des kirchenfeindlichen Kommunismus oder dem republikanischen Laizismus, der Zurückdrängung der Kirche aus dem staatlichen und gesellschaftlichen Leben, verstärkten sowohl eine demokratiefeindliche Haltung als auch die Abkehr von einem als unsittlich empfundenen modernen Gesellschaftssystem.

„Verstärkt wurde der Schock durch aktuelle Umsturzängste, durch schwere Identifikationsprobleme mit der neuartigen Demokratie und Republik, durch Besorgnisse über die eingeleitete Trennung von Kirche und Staat, durch die schwer erträgliche politische Dominanz der ‚Reichsfeinde' von einst: Sozialdemokratie, Liberale, katholisches Zentrum. Alles dies war für die nationalprotestantische Kollektivseele schwer zu verkraften"[6],

so dass der deutsche Protestantismus mehrheitlich in einer rückwärtsorientierten Verherrlichung der Monarchie verharrte, sich politisch im nationalistischen Milieu verortete und größtenteils konservative Parteien wählte.

Das mit dem Abdanken des Kaiserreichs verbundene Ende des landesherrlichen Kirchenregiments hatte auch Folgen für die Verfasstheit der evangelischen Kirche in Deutschland, die fortan aus 28 weitestgehend selbständigen Landeskirchen mit eigener Leitung und Verfassung und drei konfessionellen Ausrichtungen bestand: lutherisch, reformiert und uniert. Ein zentrales geistliches Oberhaupt wie in der katholischen Kirche gab es in der evangelischen Kirche in der Zeit der Weimarer Republik nicht, allerdings war der Wunsch vieler Protestantinnen und

Abb. 11
„Tag von Potsdam", Handschlag zwischen
Adolf Hitler und Paul von Hindenburg am 21. März 1933
Postkarte nach einem Gemälde, 1933

Protestanten nach einer Überwindung der Zersplitterung und der Schaffung einer starken und einheitlichen Nationalkirche – auch als Gegenpart zur katholischen Kirche – durchaus vorhanden.

Die politische Krise der Weimarer Republik, forciert durch die Weltwirtschaftskrise im Jahr 1929, führte dazu, dass die politischen Positionen von Adolf Hitler (1889–1945), der 1921 die Führung der Nationalsozialistischen Deutschen Arbeiterpartei (NSDAP) mit diktatorischen Vollmachten übernommen hatte, besonders in evangelischen Kreisen verstärkt Anklang fanden, zumal die NSDAP im Protestantismus weit verbreitete „Anti-Haltungen wie Antisemitismus, Antibolschewismus, Antiparlamentarismus, Antikapitalismus und Antiamerikanismus"[7] politisch bediente und fortan verstärkt kirchenfreundlich auftrat. Die „Machtergreifung" der Nationalsozialisten erfuhr seit der zweiten Märzhälfte 1933 im deutschen Protestantismus mehrheitlich begeisterte Zustimmung.[8] Am 21. März 1933 wurde der neue Reichstag mit einem Staatsakt in der evangelischen Potsdamer Hof- und Garnisonskirche eröffnet. Viele Protestantinnen und Protestanten bewerteten dies als Zeichen der Anknüpfung an die ruhmreiche preußische Ära. Sinnbildlich dafür war der Händedruck zwischen Reichspräsident Paul von Hindenburg (1847–1934) in Generalfeldmarschallsuniform und Hitler auf den Stufen der Garnisonskirche (Abb. 11).

Deutsche Christen und Bekennende Kirche

Die nationalsozialistische Propagandaformel von der „nationalen Erhebung" traf bei vielen Protestantinnen und Protestanten auf große Zustimmung, zumal Hitler in seiner Regierungserklärung vom 23. März 1933 betonte, dass die „nationale Regierung [...] in den beiden christlichen Konfessionen wichtigste Faktoren der Erhaltung unseres Volkstums" sehe und „die Rechte der Kirchen [...] nicht geschmälert"[9] würden. Gleichzeitig schwiegen die beiden Kirchen zu den nach der „Machtergreifung" der Nationalsozialisten einsetzenden Gewaltmaßnahmen gegen politische Regimegegner, die durch gesetzliche Maßnahmen wie die etliche Grundrechte außer Kraft setzende „Verordnung des Reichspräsidenten zum Schutz von Volk und Staat" vom 28. Februar 1933 oder das sogenannte „Ermächtigungsgesetz" vom 24. März 1933 flankiert wurden. Die Einrichtung von Konzentrationslagern blieb ohne Kritik. Und auch für die Ausgrenzungs- und Entrechtungspolitik gegenüber Jüdinnen und Juden fanden die Kirchen keine mahnenden Worte, ganz im Gegenteil. In einem Memorandum des evangelischen Kirchenbundesamtes vom 7. Juni 1933 hieß es dazu:

„Man darf aber nicht nur das Negative sehen, man muss vielmehr erkennen, dass der Antisemitismus nur die Kehrseite einer tiefen Besinnung auf deutsche Eigenart und des Willens ist, deutschen Staat und deutsches Geschick diesem Charakter entsprechend zu gestalten." [10]

Abb. 12
Reichsbischof Ludwig Müller
nach seiner Amtseinführung
im Berliner Dom, 23. September 1934

Unter dem Eindruck der politischen Geschehnisse wurde bei einer Vielzahl von Protestantinnen und Protestanten der Wunsch laut, die Landeskirchen abzuschaffen und stattdessen eine Reichskirche und einen Reichsbischof zu etablieren, – eine Haltung, die in der Parole: „Ein Volk, ein Reich, ein Führer, eine Kirche" Ausdruck fand. Nachdem die kirchenpolitische Bewegung der Deutschen Christen, die die evangelische Kirche im Sinne der nationalsozialistischen Ideologie umzugestalten versuchte, bei den Kirchenwahlen im Juli 1933 erfolgreich war und eine Vielzahl von Landeskirchenleitungen dominierte, gelang am 27. September 1933 die Wahl des Wehrkreispfarrers und Schirmherrn der Deutschen Christen, Ludwig Müller (1883–1945), zum Reichsbischof (Abb. 12).

Gegen die Umgestaltung der evangelischen Kirchen im Sinne der nationalsozialistischen Ideologie durch die Deutschen Christen opponierte ein Bündnis von Pfarrern in dem vom Pfarrer Martin Niemöller (1892–1984) im September 1933 gegründeten Pfarrernotbund. Auslöser war die von den Deutschen Christen in der größten evangelischen Landeskirche, der Evangelischen Kirche der altpreußischen Union, beschlossene Einführung des „Arierparagraphen", wonach Pfarrer, die „nichtarischer" Abstammung (ein jüdisches Großelternteil genügte) waren, aus dem Kirchendienst zu entlassen seien. In der Folgezeit sammelten sich die zu den Deutschen Christen in Opposition stehenden Pfarrer in der sogenannten Bekennenden Kirche, die auf ihrer konstituierenden Synode in Barmen im Mai 1934 mit der *Barmer Theologischen Erklärung* den Totalitätsanspruch des Staates für den Bereich der Kirche ablehnte. Dem gleichgeschalteten Staat stand somit Ende 1934 eine gespaltene evangelische Kirche gegenüber. Auf der zweiten Bekenntnissynode im Oktober 1934 vertrat die Bekennende Kirche gegenüber den deutsch-christlich dominierten Kirchenleitungen sogar den Anspruch, die rechtmäßige Leitung der evangelischen Kirche zu sein. Weitergehende Möglichkeiten der Einflussnahme über den innerkirchlichen Bereich hinaus unterblieben allerdings zumeist zugunsten einer systemkonformen Anpassung. So waren es nur wenige, die, wie beispielsweise Dietrich Bonhoeffer (1906–1945) oder Elisabeth Schmitz (1893–1977), den Weg in den aktiven Widerstand fanden.

Ab 1935 versuchte Hitler durch eine Politik der Konfrontation, die evangelische Kirche gefügig zu machen. Der am 16. Juli 1935 von Hitler eingesetzte Reichsminister für die kirchlichen Angelegenheiten Hanns Kerrl (1887–1941) schaffte es durch kirchenpolitisch übergreifende Kirchenausschüsse die Einheit der Bekennende Kirche zu zerstören.[11] Die Mitgliedschaft in der Bekennende Kirche wurde je länger, desto mehr zu einem Risiko. Denn obwohl sich viele der Mitglieder selbst als politisch systemkonform begriffen, galten sie in den Augen der Nationalsozialisten als Staatsfeinde. Aufgrund von staatlichen Maßnahmen zur „Entkonfessionalisierung des öffentlichen Lebens", mit denen die Nationalsozialisten den Wirkungsbereich der christlichen Konfessionen einzuschränken versuchten, schlug aber auch auf deutsch-christlicher Seite spätestens während der Kriegszeit die „anfängliche Begeisterung" vielfach „in Ernüchterung, schließlich in Enttäuschung um"[12]. Der Protestantismus verharrte vielfach in einer „Ambivalenz zwischen ‚staatlicher Kirchenfeindschaft und kirchlicher Staatstreue'"[13].

Schlussbemerkung

Abschließend bleibt festzustellen, dass sich die überwiegende Mehrheit der Mitglieder der evangelischen Kirche durchaus mit dem Nationalsozialismus zu arrangieren wusste. Die Deutschen Christen versuchten sogar Kirche und Theologie derart zu verändern, dass sie den ideologischen Vorgaben des Nationalsozialismus entsprachen. Unsäglicher Tiefpunkt dieser Bemühungen war das am 6. Mai 1939 in Eisenach gegründete Institut zur Erforschung und Beseitigung des jüdischen Einflusses auf das deutsche kirchliche Leben (auch: „Entjudungsinstitut")[14]. Seinen Mitarbeitern und Unterstützern kam eine geistige Mitverantwortung an den Verbrechen zu, die während der Zeit des Nationalsozialismus an Jüdinnen und Juden begangen wurden (vgl. Abb. 13).

Die evangelische Kirche in ihrer Gesamtheit fand kein öffentliches Wort gegen die Vernichtungspolitik der Nationalsozialisten. Nur wenige Protestantinnen und Protestanten stellten sich dem Nationalsozialismus mit seinem „mörderischen Rassenwahn in den Weg", halfen unter „großem persönlichen Risiko" verfolgten Menschen und zeigten „durch ihre klare Stimme und ihre mutigen Handlungen" auf, „was ‚wahres Christentum' und ‚wahre Kirche' während der NS-Zeit eigentlich hätte sein sollen."[15]

Abb. 13
„Entjudetes" Gesangbuch:
Großer Gott wir loben Dich, 1941
hier: Liedtext „Großer Gott wir loben Dich" in Gegenüberstellung zu dem Originaltext von Ignaz Franz (1719–1790) aus dem Jahr 1768

Anmerkungen

1 Hermle/Oelke 2019, S. 9.
2 Ebd., S. 14f.
3 Vgl. Strohm, S.11: „Insbesondere die evangelische Kirche hatte sich nicht nur mit dem Kaiserreich, sondern in hohem Maße auch mit seiner nationalistischen Kriegspolitik identifiziert. Entsprechend tief war sie von der umfassenden Niederlage und dem harten Versailler Vertrag vom 10. Januar 1920 betroffen. Neben den vernichtenden wirtschaftlichen Folgen wurde vor allem die in Art. 231 formulierte Alleinschulderklärung in evangelischen Milieus als Demütigung empfunden."
4 Ebd. S. 14.
5 Blaschke 2020, S. 17.
6 Gailus 2010, S. 23.
7 Blaschke 2020, S. 48.
8 Vgl. Strohm 2017, S. 19f.
9 Hermle/Thierfelder 2008, S. 91f.
10 Zitiert nach Thamer 1988, S. 223.
11 In den Ausschüssen saßen sowohl Vertreter der Bekennenden Kirche als auch der Deutschen Christen. Um überhaupt handlungsfähig zu sein, mussten Kompromisse geschlossen werden, die Teile der Bekennenden Kirche nicht mittragen wollten, sodass die Einheit der Bekennenden Kirche in dieser Zeit zerbrach.
12 Hermle/Oelke 2020, S. 18.
13 Ebd.
14 Vgl. Arnhold 2020.
15 Gailus/Vollnhals 2013, S. 20.

preisen deine Stärke. ⎫
wundert deine Werke. ⎭ Wie du warst vor

aller Zeit, so bleibst du in Ewigkeit.

2. Heilig, heilig, Herre Gott,
heilig, Herr der Kriegesheere,
starker Helfer in der Not,
Himmel, Erde, Luft und Meere
sind erfüllt von deinem Ruhm;
alles ist dein Eigentum.

3. Sieh dein Volk in Gnaden an,
hilf uns, segne, Herr, dein Erbe;
leit es auf der rechten Bahn,
daß der Feind es nicht verderbe.
Wart und pfleg es in der Zeit,
heb es hoch in Ewigkeit.

4. Alle Tage wollen wir
dich und deinen Namen preisen
und zu allen Zeiten dir
Ehre, Lob und Dank erweisen.
Rett aus Sünde, rett aus Tod,
sei uns gnädig, Herre Gott.

Carolin Mischer
War die katholische Kirche Gegner oder Partner des Nationalsozialismus?

Die Rolle der katholischen Kirche im Nationalsozialismus (NS) wird bis heute in der Forschung diskutiert.[1] Dabei steht die Frage im Vordergrund, wie sich die Kirche gegenüber dem Nationalsozialismus positioniert hat: War sie gegenüber der NS-Ideologie resistent, hat sie sich dem Nationalsozialismus als konträre Kraft gegenübergestellt[2], oder hat sie mehr oder weniger konform mit diesem kooperiert?[3]

Um das Verhältnis der katholischen Kirche in Deutschland zum Nationalsozialismus nachzuzeichnen, ist eine differenzierte Betrachtung notwendig. So sind verschiedene Phasen der Ablehnung, der Anpassung bzw. des Arrangements und schließlich der Abwehr gegenüber kirchenfeindlichen Angriffen zu unterscheiden.

Im Zentrum der Betrachtung steht das gemeinsame Handeln der deutschen katholischen Bischöfe, die die höchsten Repräsentanten der Katholiken im Deutschen Reich waren. In Hirtenbriefen, die sie im Zuge der ab 1933 jährlich in Fulda tagenden Bischofskonferenzen verabschiedeten, richteten sie das Wort an die katholischen Gläubigen im Land.

Ablehnung

In den Jahren 1930 bis 1933 war die Haltung der katholischen Kirche in Deutschland zum Nationalsozialismus von Ablehnung gekennzeichnet. So sprach das Bistum Mainz 1930 für Katholiken ein Verbot der Parteimitgliedschaft aus, da die Rassen-Ideologie der Nationalsozialisten nicht mit christlichen Grundsätzen vereinbar sei.[4] Auch die bayerischen Bischöfe verfassten Richtlinien für den Klerus ihrer Diözesen, die u.a. das Verbot der Teilnahme von Nationalsozialisten in Uniform am Gottesdienst enthielten und Geistlichen jede Art von Mitwirkung in der nationalsozialistischen Bewegung untersagten (Abb. 14).[5]

Arrangement – Haltungswechsel der katholischen Kirche 1933

Am 28. März 1933 vollzog sich jedoch ein Haltungswechsel der deutschen katholischen Bischofsgemeinschaft gegenüber dem Nationalsozialismus: Sie nahm in einer offiziellen Kundgebung die Verbote und Warnungen vor dem Nationalsozialismus zurück. Die „Verurteilung bestimmter religiös-sittlicher Irrtümer"[6] hielten die Bischöfe jedoch explizit aufrecht. Der Vorsitzende der Fuldaer Bischofskonferenz, Adolf Kardinal Bertram (1859–1945), begründete diesen überraschenden Schritt der Annäherung mit den kirchenfreundlichen Äußerungen, die Adolf Hitler (1889–1945) in seiner wenige Tage zuvor gehaltenen Regierungserklärung getätigt hatte. In seiner Rede hatte der Reichskanzler die beiden großen christlichen Kirchen als „wichtigste Faktoren der Erhaltung unseres Volkstums"[7] bezeichnet und versprochen, die Rechte der Kirchen nicht anzutasten. Infolgedessen erklärte u.a. der Katholische Lehrerverband des Deutschen Reiches der Regierung seine Unterstützung.[8] Auch aus universitären Kreisen regten sich ab 1933 vermehrt Stimmen, die ein Bündnis zwischen Katholiken und Nationalsozialisten für denkbar hielten. Der Theologe Michael Schmaus (1897–1993) und der Kirchenhistoriker Joseph Lortz (1887–1975) fanden die Basis einer Zusammenarbeit mit der Regierung in der gemeinsamen

Nachdruck verboten

Beilage zum Amtsblatt Nr. 4 vom 10. Februar 1931

Nationalsozialismus und Seelsorge*

Pastorale Anweisung, für den Klerus bestimmt.

1. Der Nationalsozialismus enthält in seinem kulturpolitischen Programm Irrlehren, weil er darin wesentliche Lehrpunkte des katholischen Glaubens ablehnt oder doch schief auffaßt und weil er nach der Erklärung seiner Führer eine neue Weltanschauung an die Stelle des christlichen Glaubens setzen will. Es liegt uns ferne, uns mit den staatspolitischen Zielen des Nationalsozialismus zu befassen; wir fragen uns nur, was für eine Stellung er zum katholischen Christentum einnimmt.

Führende Vertreter des Nationalsozialismus stellen die Rasse höher als die Religion. Sie lehnen die Offenbarungen des Alten Testamentes und sogar das mosaische Zehngebot ab. Sie lassen den Primat des Papstes in Rom nicht gelten, weil er eine außerdeutsche Stelle sei, und spielen mit dem Gedanken einer dogmenlosen deutschen Nationalkirche. In § 24 des Programms soll das ewig gültige christliche Sittengesetz an dem Moralgefühl der germanischen Rasse nachgeprüft werden. Auffassungen vom Recht der Revolution, die von Erfolg begleitet wird, und vom Vorrecht der Macht vor dem Recht, stehen im Widerspruch mit der christlichen Gesellschaftslehre. Aus bisherigen Kundgebungen der Partei oder der Parteiführer läßt sich feststellen: Was der Nationalsozialismus Christentum nennt, ist nicht mehr das Christentum Christi. Die Bischöfe müssen also als Wächter der kirchlichen Glaubens- und Sittenlehre vor dem Nationalsozialismus warnen, solange und soweit er kulturpolitisch Auffassungen kundgibt, die mit der katholischen Lehre nicht vereinbar sind.

2. Dem katholischen Geistlichen ist es streng verboten, an der nationalsozialistischen Bewegung in irgendeiner

---

* Aus den Reihen der Seelsorger kamen in den letzten Monaten wiederholt Anfragen an die oberhirtliche Stelle, wie sie sich bei Gesuchen um einen Gottesdienst seitens nationalsozialistischer Gruppen zu verhalten hätten. Da der Klerus ein Recht hat, in allen pastoralen Fragen von seinen Bischöfen Richtlinien zu erhalten, lassen die Oberhirten der acht bayerischen Diözesen die nachstehende gemeinsame Anweisung an den Klerus ergehen. Die Anweisung erfolgt in einem längeren zeitlichen Abstand von der Wahlbewegung, um auch auf diese Weise den unpolitischen, rein seelsorglichen Charakter deutlich hervortreten zu lassen.

Abb. 14
Pastorale Anweisung: Nationalsozialismus und Seelsorge der Erzbischöfe und Bischöfe von Bayern, 10. Februar 1931
Lichtenau, Stiftung *Kloster Dalheim*. LWL-Landesmuseum für Klosterkultur

Die Unterzeichnung des Reichskonkordats in Rom

Ablehnung des Liberalismus und Bolschewismus.[9] Diese sogenannten Brückenbauer zum Nationalsozialismus blieben aber in der Minderheit.

Die Annäherung zwischen den weltanschaulich gegensätzlichen Parteien fand mit der Unterzeichnung des Reichskonkordats[10] im Juli 1933 einen vorläufigen Höhepunkt (Abb. 15).

In der Forschung entwickelte sich in den 1970er Jahren eine Kontroverse um die Frage, ob das Reichskonkordat eine Art Tauschhandel zwischen dem Deutschen Reich und dem Vatikan dargestellt habe. Dieser von dem evangelischen Theologen Klaus Scholder (1930–1985) formulierten Junktim-These zufolge hätten die Bischöfe ihre Warnungen zurückgenommen, und die katholische Deutsche Zentrumspartei hätte Hitlers „Ermächtigungsgesetz" vom 23. März 1933 – das die Entmachtung des Reichstags mit sich brachte – zugestimmt, da ihnen von den Nationalsozialisten ein ihre Rechte schützendes Konkordat versprochen worden sei.[11] Der katholische Historiker Konrad Repgen (1923–2017) widersprach dieser Sichtweise entschieden.[12]

Hitler feierte das Reichskonkordat propagandistisch als „Anerkennung des nationalsozialistischen Staates durch die katholische Kirche"[13]. Der päpstliche Kardinalstaatssekretär Eugenio Pacelli (1876–1958), der spätere Papst Pius XII. (amt. 1939–1958), betonte jedoch, dass das Konkordat keine „Billigung oder Anerkennung einer bestimmten Strömung von Doktrinen und politischen Auffassungen"[14] bedeute.

Abb. 15
Unterzeichnung des Reichskonkordats, Juli 1933
Berlin, Stiftung Deutsches Historisches Museum, PK 99/386

Abwehr

Das Bündnis zwischen den ungleichen Partnern währte nicht lange. Schon bald verstieß das NS-Regime gegen zahlreiche Bestimmungen des Reichskonkordats, indem es kirchenfeindliche Angriffe forcierte: So wurde nicht nur die katholische Tagespresse weitestgehend verboten, sondern das katholische Vereins- und Verbandswesen erfuhr massive Einschränkungen.[15]

Die katholischen Bischöfe fanden zunächst keinen Konsens darüber, wie sie auf diese Verstöße reagieren sollten. Der Vorsitzende der Fuldaer Bischofskonferenz, Adolf Kardinal Bertram, versuchte öffentliche Kritik an der Regierung zu vermeiden. Konkordatsverstöße meldete er schriftlich an die zuständigen Stellen in Berlin. In einem Schreiben an Pacelli begründete er diese Zurückhaltung mit der Furcht vor einem erneuten Kulturkampf, also vor staatlichen Maßnahmen gegen die Kirche.[16] Der Berliner Bischof Konrad Graf von Preysing (1880–1950) hingegen versuchte, die Bischofsgemeinschaft zu einem aktiveren Vorgehen gegen die nationalsozialistischen Angriffe auf die Kirche zu bewegen. Die von Bertram vollzogene Verhandlungspolitik beurteilte er als „sinnlos" und proklamierte, dass „nur bewiesene Macht" die Nationalsozialisten „eventuell veranlassen [würde], ihren Feldzug gegen die Kirche einzustellen."[17]

Im August 1936 baten die deutschen Bischöfe schließlich Papst Pius XI. (amt. 1922–1939) um Unterstützung. Michael Kardinal Faulhaber (1869–1952) verfasste den ersten Entwurf eines Rundschreibens, den der päpstliche Kardinalstaatssekretär Pacelli überarbeitete, ehe Papst Pius XI. am 14. März 1937 die Enzyklika *Mit brennender Sorge* verabschiedete (Abb. 16).

Diese Erklärung „über die Lage der katholischen Kirche im Deutschen Reich" klagte nicht nur die Vertragsverstöße der nationalsozialistischen Regierung an, sondern lehnte auch die nationalsozialistische Rassenideologie ab. Diese verkehre die „gottgeschaffene und gottbefohlene Ordnung der Dinge."[18] Die heimlich vervielfältigte Enzyklika und ihre Verlesung in den katholischen Gemeinden führte zu einer Verschärfung der NS-Maßnahmen gegen die katholische Kirche.

Mit Beginn des Zweiten Weltkriegs im Jahr 1939 riefen die katholischen Bischöfe in ihrem Hirtenbrief zu Treue und Gehorsam gegenüber dem „Führer" auf.[19] Dies entsprach dem christlichen Selbstverständnis, gegenüber der gewählten Obrigkeit Gehorsam zu zeigen. Als die NS-Regierung begann, im Rahmen des sogenannten „Klostersturms" katholische Abteien aufzulösen, gründete Bischof Preysing 1941 den Ausschuss für Ordensangelegenheiten, dem auch Ordensleute angehörten. Dessen Ziel war es, die Bischofskonferenz zu öffentlichen Stellungnahmen gegen staatliche Verfehlungen zu bewegen.

Mit Kriegsbeginn begann im Reich auch das systematische Töten von kranken und behinderten Menschen. Öffentliche Predigten des Münsteraner Bischofs Clemens Graf von Galen (1878–1946) gegen die nationalsozialistischen „Euthanasie"-Maßnahmen sorgten für ein kurzfristiges Aussetzen dieses Massenmordes. Die öffentliche Kritik an dem NS-Regime durch einzelne Bischöfe blieb jedoch eine Ausnahme. Angesichts der Verfolgung und Ermordung der Juden im Deutschen Reich legten die deutschen katholischen Bischöfe keinen öffentlichen Protest ein. Einzig im sogenannten „Dekalog-Hirtenbrief", der 1943 auf Initiative des Ausschusses für Ordensangelegenheiten verabschiedet wurde, beklagten sie den Mord an „Menschen fremder Rassen und Abstammung"[20]. Widerstand gegen das nationalsozialistische System blieb wenigen Mutigen überlassen.

Abb. 16
Papst Pius XI.: Rundschreiben Über die Lage der katholischen Kirche in Deutschland, 21. März 1937
Lichtenau, Stiftung *Kloster Dalheim.* LWL-Landesmuseum für Klosterkultur

---

Rundschreiben

Seiner Heiligkeit

Pius' XI.

durch Gottes Vorsehung

Papst

Über die Lage der katholischen Kirche im Deutschen Reich

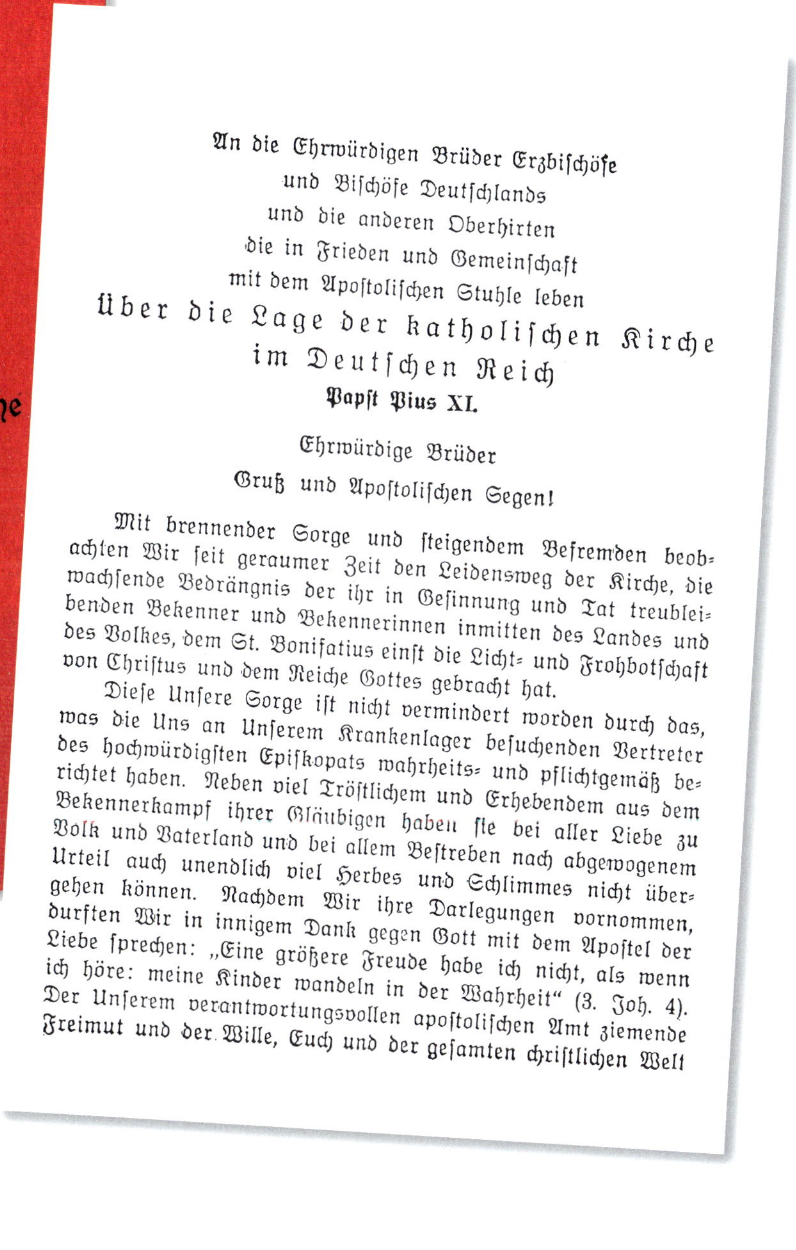

An die Ehrwürdigen Brüder Erzbischöfe
und Bischöfe Deutschlands
und die anderen Oberhirten
die in Frieden und Gemeinschaft
mit dem Apostolischen Stuhle leben

Über die Lage der katholischen Kirche
im Deutschen Reich

Papst Pius XI.

Ehrwürdige Brüder
Gruß und Apostolischen Segen!

Mit brennender Sorge und steigendem Befremden beobachten Wir seit geraumer Zeit den Leidensweg der Kirche, die wachsende Bedrängnis der ihr in Gesinnung und Tat treubleibenden Bekenner und Bekennerinnen inmitten des Landes und des Volkes, dem St. Bonifatius einst die Licht- und Frohbotschaft von Christus und dem Reiche Gottes gebracht hat.

Diese Unsere Sorge ist nicht vermindert worden durch das, was die Uns an Unserem Krankenlager besuchenden Vertreter des hochwürdigsten Episkopats wahrheits- und pflichtgemäß berichtet haben. Neben viel Tröstlichem und Erhebendem aus dem Bekennerkampf ihrer Gläubigen haben sie bei aller Liebe zu Volk und Vaterland und bei allem Bestreben nach abgewogenem Urteil auch unendlich viel Herbes und Schlimmes nicht übergehen können. Nachdem Wir ihre Darlegungen vornommen, durften Wir in innigem Dank gegen Gott mit dem Apostel der Liebe sprechen: „Eine größere Freude habe ich nicht, als wenn ich höre: meine Kinder wandeln in der Wahrheit" (3. Joh. 4). Der Unserem verantwortungsvollen apostolischen Amt ziemende Freimut und der Wille, Euch und der gesamten christlichen Welt

Anmerkungen

1 Vgl. u. a. die Übersicht bei Kösters 2009.
2 Die katholische Forschung der Nachkriegszeit sieht die katholische Kirche ausschließlich im Widerstand gegen den Nationalsozialismus (vgl. ebd., S. 40). Diese einseitige Sichtweise wird erst in den 1960er Jahren u. a. durch die Beiträge von Böckenförde 2002 und Lewy 1965 aufgebrochen.
3 So z. B. Karlheinz Deschner (1924–2014), der die katholischen Bischöfe als „Hitlers Werkzeuge" bezeichnet hat (vgl. Deschner 1982, S. 462).
4 Vgl. Mayer 2006 [1930], S. 3: „Die nationalsozialistischen Schriftsteller […] predigen Überschätzung der germanischen Rasse und Geringschätzung alles Fremdrassigen […]. Diese Geringschätzung, die bei vielen zu vollendetem Hass der fremden Rassen führt, ist unchristlich und unkatholisch. Das christliche Sittengesetz ist ferner allgemein, es gilt für alle Zeiten und für alle Rassen."
5 Vgl. Erzbischöfliches Ordinariat 1931, o. S.
6 Deutsche Bischöfe 1968 [1933], hier S. 31.
7 Regierungserklärung Adolf Hitlers am 23.3.1933 vor dem Reichstag, zitiert nach: Denzler/Fabricius 1984, S. 51.
8 Vgl. Blaschke 2014, S. 93.
9 Vgl. Böckenförde 2002, S. 208.
10 Vgl. den Text des Konkordats bei Papen/Pacelli 1933.
11 Vgl. Scholder 1977 b.
12 Vgl. Repgen 1977, S. 10.
13 Nationalsozialistische Parteikorrespondenz, 22.7.1933, zitiert nach: Scholder 1977 a, S. 515.
14 Osservatore Romano, 26.7.1933, zitiert nach: Blaschke 2014, S. 124.
15 Vgl. Strohm 2011, S. 65.
16 Vgl. Hinkel 2018, S. 66.
17 Preysing 1981 [1938], S. 360f.
18 Pius XI. 1937, S. 7.
19 Vgl. Strohm 2011, S. 86.
20 Deutsche Bischöfe 1985 [1943], S. 201.

und Bischöfe Deutschlands
und die anderen Oberhirten
die in Frieden und Gemeinschaft
mit dem Apostolischen Stuhle leben

Die Lage der katholischen
im Deutschen Reich

Papst Pius XI.

Ehrwürdige Brüder

Gruß und Apostolischen Segen!

…nnender Sorge und steigendem Befre…
…seit geraumer Zeit den Leidensweg der…
…edrängnis der ihr in Gesinnung und T…
…enner und Bekennerinnen inmitten des …
…dem St. Bonifatius einst die Licht- und…

Hubert Wolf
Hat der Papst geschwiegen?

„So fühlt man schon jetzt, dass von Pius XII. nur sein Schweigen zu diesen Taten übrigbleiben wird. Die Geschichte wird ihn kennen als den Papst, der schwieg."[1] – So kommentierte Sebastian Haffner (1907–1999) die Uraufführung von Rolf Hochhuths (1931–2020) christlichem Trauerspiel *Der Stellvertreter* (Abb. 17) am 7. April 1963 im *Stern*. Und bis heute kommt keine wissenschaftliche Annäherung an diesen umstrittensten Papst des 20. Jahrhunderts um eine Auseinandersetzung mit dem Theaterstück und dem dort thematisierten „Schweigen" herum. Die Gegner Pius' XII. gehen sogar so weit, ihn zu „Hitlers Pope"[2] zu ernennen, während seine Verteidiger – wie etwa der jüdische Gelehrte Pinchas Lapide (1922–1997) – den Papst zum „Wohltäter"[3] des jüdischen Volkes während der *Schoah* erklären.

„Uneigentliches Reden"? – Die Weihnachtsansprache von 1942

Dabei ist nicht einmal die Frage, wozu genau Pius XII. (amt. 1939–1958) geschwiegen oder doch geredet hat, eindeutig geklärt. Für Hochhuth steht der ausbleibende Protest des Papstes zur Deportation von tausend römischen Jüdinnen und Juden im Oktober 1943 in das Vernichtungslager Auschwitz im Mittelpunkt seiner Kritik: Hätte der Stellvertreter Jesu Christi auf Erden nicht seine Stimme erheben müssen, als seine jüdischen Mitbürger buchstäblich vor den Fenstern des vatikanischen Palasts zusammengetrieben und dem Tod ausgeliefert wurden? Wäre es nicht seine moralische Pflicht gewesen, feierlich zu protestieren und die Nationalsozialisten öffentlich des Völkermords zu bezichtigen – ganz unabhängig von den Erfolgsaussichten oder den möglichen Gefahren für seine eigene Person und die katholische Kirche?[4]

Darüber hinaus stellt sich die grundsätzlichere Frage nach seinem Verhalten zur systematischen Ermordung von über sechs Millionen Juden durch die Nationalsozialisten. Auch hier bleibt eine öffentliche Verurteilung aus. Seine Gegner werfen Pius XII. Versagen vor, weil er weder den Holocaust je explizit verurteilt noch die Täter öffentlich genannt hat. Seine Anhänger dagegen verweisen immer wieder auf einen Satz in der berühmten Weihnachtsansprache im Radio vom 24. Dezember 1942:

„Dieses Gelöbnis schuldet die Menschheit den Hunderttausenden, die persönlich schuldlos nur um ihrer Volkszugehörigkeit [italien. nazionalità] oder Abstammung [italien. stirpe] willen dem Tode oder einer fortschreitenden Verelendung preisgegeben sind."[5]

Das Päpstliche Komitee für Geschichtswissenschaften ging bei einer Ausstellung 2008/09 sogar so weit, den Raum, in dem diese Formulierungen in einer Endlosschleife abgespielt wurden, mit dem Schriftzug „Hier hören Sie das Schweigen Pius' XII. zum Holocaust" zu versehen.[6] Mit diesen Formulierungen habe er die *Schoah* eindeutig verurteilt. Zwar ist der Entwurf der Weihnachtsansprache im vatikanischen Archiv aus nicht endgültig geklärten Gründen bis heute verschwunden, der Satz dürfte aber auf Pius XII. (Abb. 18) selbst zurückgehen, während ein Großteil der Rede von dem Jesuiten Gustav Gundlach SJ (1892–1963) verfasst wurde.

Abb. 17 >
John Heartfield:
Der Stellvertreter
Theaterplakat, 1963
Bonn, Stiftung Haus der Geschichte
der Bundesrepublik Deutschland,
1992/10/214

Abb. 18 (folgende Seiten) >
Papst Pius XII. an
seiner Schreibmaschine
im Castel Gandolfo in Rom

Mit viel gutem Willen kann dieser Satz als ein „uneigentliches Reden" zur nationalsozialistischen Vernichtungspolitik interpretiert werden, wenn man in dem italienischen *stirpe,* was ursprünglich Herkunft bedeutet, Anklänge an den Begriff „Rasse" wahrnimmt. Aber weder wurden die Juden als Opfer noch die Nationalsozialisten als Täter explizit genannt. Tatsächlich verstand 1942 kaum jemand die Formulierungen der Weihnachtsansprache als Verurteilung des systematischen Völkermords der Nationalsozialisten an den europäischen Juden, auch wenn Pius XII. sie so gemeint haben sollte, wie er zumindest Diplomaten gegenüber mehrfach betonte.**7**

Aber das Thema des Schweigens Pius' XII. zu den nationalsozialistischen Verbrechen generell geht weit über den Holocaust hinaus. Der Papst war so zurückhaltend, dass er sich auch zum Überfall Deutschlands auf das katholische Polen mit keinem Wort äußerte und zur Ermordung einer Million katholischer Polen, vor allem Intellektuelle, Priester und Ordensleute schwieg, obwohl ihn polnische Bischöfe und Laien mehrfach nachdrücklich zum feierlichen Protest aufforderten.**8** Weil er zum Genozid an den katholischen Polen 1939/40 öffentlich geschwiegen hatte, konnte er 1941/42 auch den Genozid an den Juden nicht öffentlich verurteilen. Dies hätte niemand in Polen und anderswo in der katholischen Kirche verstanden.

Deshalb gedachte er in der Weihnachtsansprache beider: Mit „Nation" habe er natürlich die Polen gemeint und mit „Abstammung" die Juden. Jedenfalls erklärte Pius XII. das dem amerikanischen Sondergesandten Myron Taylor (1874–1959) um die Jahreswende 1942/43. Dieser hatte das wie die meisten Zeitgenossen an Weihnachten 1942 jedenfalls so nicht verstanden. Die Verunsicherung war groß, so dass sich der Papst in einer Ansprache vor dem Kardinalskollegium am 2. Juni 1943 zu einer authentischen Interpretation seiner Aussagen vom 24. Dezember 1942 genötigt sah. Das Original dieser Rede ist im vatikanischen Archiv erhalten.

Was wusste Pius XII.?

Dabei war Pius XII. über die nationalsozialistischen Verbrechen im Allgemeinen und die Verfolgung und Ermordung der europäischen Juden im Besonderen bestens informiert, wie die vatikanischen Quellen belegen. Zunächst wurde er auf der politisch-diplomatischen Ebene täglich durch die Berichte seiner Nuntien, also seiner Gesandten in der ganzen Welt, die Gespräche mit den beim Heiligen Stuhl akkreditierten Botschaftern und vor allem Schreiben von Bischöfen, die oft als unmittelbare Augenzeugen von den Gräueltaten der Nationalsozialisten, von Massengräbern, Deportationen und Erschießungen erzählten, auf dem Laufenden gehalten. Manche übersandten sogar entsprechende Bilder.

Dazu kommen als zweite, bislang weitgehend unbekannte Gattung, tausende Bittschreiben, die ihn ab 1933 in seiner Funktion als Kardinalstaatssekretär und ab 1939 bis 1945 als Papst erreichten. In diesen Ego-Dokumenten berichten Jüdinnen und Juden aus allen Ländern Europas anschaulich von ihrer Not und der Verfolgung, der sie ausgesetzt waren. Viele dieser Briefe sind in höchster Todesnot verfasst worden, oft erschien eine flehentliche Bitte an den Papst als einziger Ausweg, um dem sicheren Tod zu entkommen. „Mit Hilfe des Allmächtigen sind wir dem Schlimmsten entronnen, und sind nun in der Luft" – schrieb etwa der aus Berlin stammende Student der jüdischen Theologie Martin Wachskerz (1922–?) an Pius XII. am 20. Dezember 1942 aus dem französischen Toulouse (Abb. 19).

Zahllose Juden wurden aus Südfrankreich nach Auschwitz deportiert. Als einziger Ausweg blieb Wachskerz mit seinem Bruder und seinen Eltern die Flucht in die Schweiz. „Eure Hochwürden können vier Menschenleben retten. Retten Sie uns."⁹

Durch diese Briefe war Pius XII. auch „von unten" genau über die Verfolgung der Juden informiert. Oft ging es ums nackte Überleben, um Geld fürs Essen und eine sichere Unterkunft. Viele wollten sich in ein sicheres Land retten, in die Schweiz, nach Palästina, Südamerika oder die USA. Und in sehr vielen Fällen versuchte die Kirche, tatsächlich zu helfen: bei der Beschaffung von Einreisevisa, der Finanzierung von Schiffspassagen, Ausreisegenehmigungen aus Italien. Einen Unterschied zwischen getauften und nicht getauften Juden machte die Kurie nicht. Nicht immer war die Hilfe erfolgreich, etwa weil Brasilien, England, Spanien oder die USA ihre Mitwirkung versagten.

Das Selbstverständnis des Papstes

Über die Gründe des Schweigens Pius' XII. ist in der Forschung viel diskutiert worden. Die Vorwürfe, der Papst sei ein Antisemit gewesen, dürfen inzwischen als widerlegt gelten, weil es für ihn nach katholischem Glauben gar keine „Rassen" geben konnte, wenn alle Menschen von einem einzigen Menschenpaar, Adam und Eva, abstammen. Freilich war er wie zahlreiche Katholiken seiner Zeit nicht frei von antijudaistischen Ressentiments, beteten die Katholiken doch Jahr für Jahr im Rahmen der „Großen Fürbitten" der Karfreitagsliturgie für die „perfiden" Juden, die Jesus Christus dem Tod überliefert hätten. Mit dem Hinweis auf den Anstieg der Deportationszahlen in Holland nach dem Protest der dortigen Bischöfe gegen den Holocaust hat die apologetisch orientierte Forschung versucht, das Schweigen Pius' XII. mit dem Argument zu entschuldigen, ein feierlicher Einspruch des Papstes hätte noch viel schlimmere Folgen gehabt. Ganz ähnlich argumentierte die Haushälterin Pius' XII., Schwester Pascalina Lehnert (1894–1983) in ihren Memoiren.¹⁰ Ein anderes Argument, das auch in den vatikanischen Quellen häufig auftaucht, lautet: Nur weil der Papst öffentlich schwieg, konnte er im Geheimen tausende Juden retten. Pius XII. war sich selbst durchaus bewusst, dass er eigentlich gegen die nationalsozialistischen Verbrechen und namentlich die systematische Ermordung von über sechs Millionen Jüdinnen und Juden laut hätte protestieren müssen. Im Hinblick auf „das gewaltige Geschehen im außerkirchlichen Raum, dem gegenüber der Papst die Zurückhaltung beobachten will, die ihm unbestechliche Unparteilichkeit auferlegt", schrieb er am 20. Februar 1941 an den Würzburger Bischof Matthias Ehrenfried (1871–1948): „Wo der Papst laut rufen möchte, ist leider abwartendes Schweigen, wo er handeln und helfen möchte, geduldiges Harren geboten."¹¹

Für das Selbstverständnis Pius' XII. war seine Auffassung vom Amt des Papstes als *padre comune,* als gemeinsamer Vater aller Gläubigen, von entscheidender Bedeutung. Weil es im Zweiten Weltkrieg auf allen Seiten der Fronten Katholiken gab, mussten die Aussagen des Oberhaupts der katholischen Weltkirche so „neutral" sein, dass sie von keiner Kriegspartei instrumentalisiert werden konnten. Das war freilich ganz vom Schutz der Kirche und der Seelsorge an den ihm anvertrauten Schäfchen gedacht. Der von Hochhuth ins Feld geführten moralischen Verpflichtung des Papstes, der als Stellvertreter Jesu Christi der oberste Anwalt der Menschenrechte hätte sein müssen, wurde Pius XII. nicht gerecht. „Abwartendes Schweigen" schien ihm angemessener als laute Anklage zu sein.

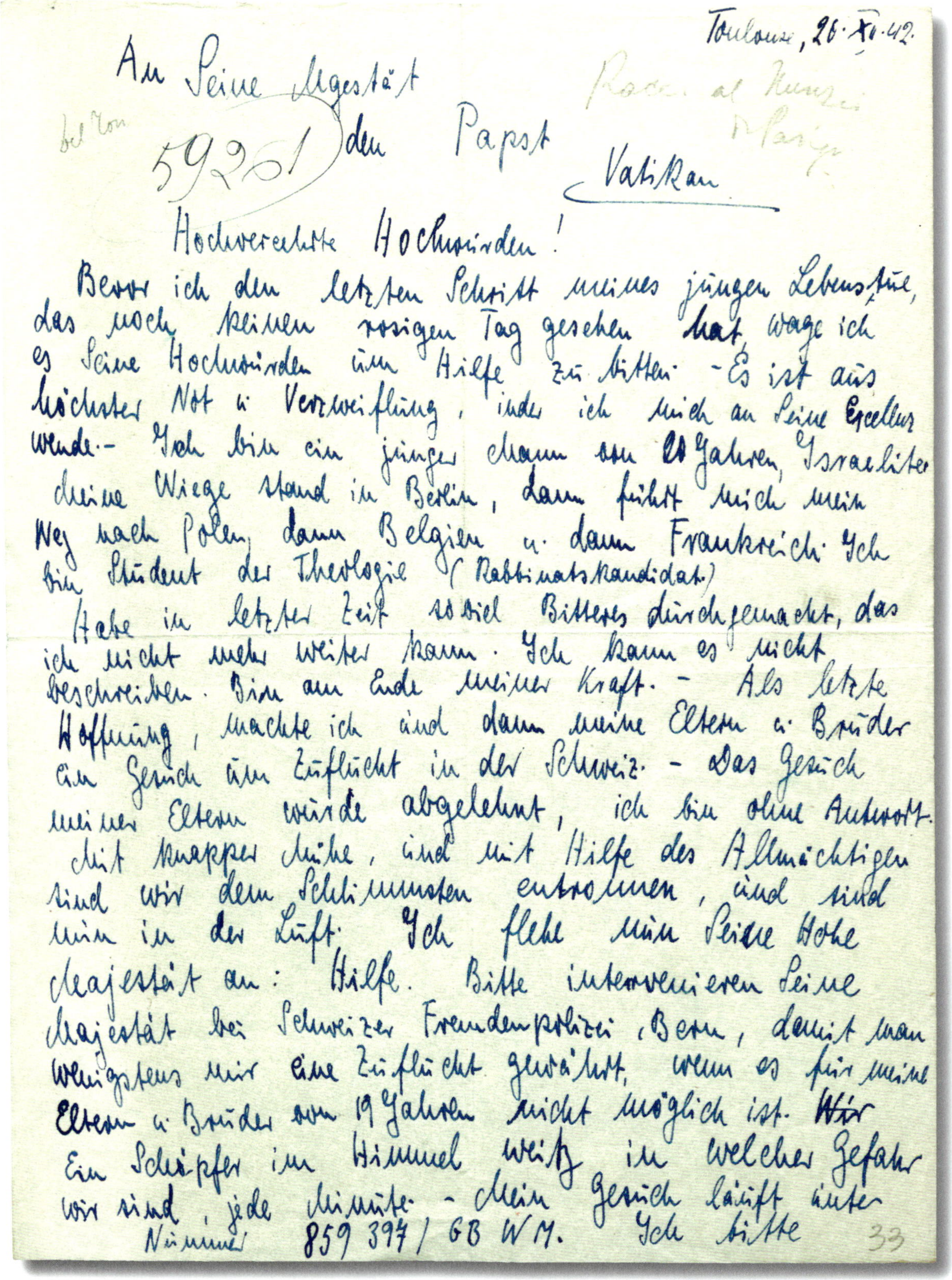

Abb. 19
Brief von Martin Wachskerz an Papst Pius XII., 20. Dezember 1942
Rom, Archivio Apostolico Vaticano, Segreteria di Stato, Commissione Soccorsi 302, fasc. 1, fol. 33rv.
© 2024 Archivio Apostolico Vaticano

Seine Hochwürden, doch so schnell wie möglich zu helfen u. ein gutes Wort einzulegen. Eure Hochwürden können 4 Menschenleben retten. Retten Sie uns. — Ich habe gute Referenzen, u Zeugnisse meiner Lehrer.

Haben Sie Erbarmen. Der Allmächtige wird Euer Majestät die gute H Tat hoch lohnen. Meinen tiefen inigen Dank im Voraus, verbleibe

Hochachtungsvoll
Martin Wachsker

Adr: U.G.i.F
7, Rue Cafarelli
P. Henri
Toulouse (Hte Garonne)
France

59261

Die Bittschreiben jüdischer Verfolgter in den vatikanischen Archiven

Verzweifelt bittend, um Hilfe flehend wie der Student Martin Wachskerz oder präzise und rational die eigene Situation schildernd: In tausenden Briefen wandten sich Jüdinnen und Juden während der *Schoah* an Pius XII. und die katholische Kirche. Die Schreiben stammen von Frauen und Männern, von Kindern und Jugendlichen, ihre Verfasser gehören den unterschiedlichsten jüdischen Denominationen, sozialen Schichten und Generationen an. Bisher waren diese Schreiben unbekannt. Sie wurden in den Akten aus dem Pontifikat Pius' XII. in den vatikanischen Archiven entdeckt, die erst seit dem 2. März 2020 der Forschung zugänglich sind. Das Projekt „Asking the Pope for Help" arbeitet diesen einmaligen Quellenbestand auf und macht die Bittschreiben in einer digitalen Edition der Öffentlichkeit zugänglich.

Anmerkungen

1 Haffner 1963, S. 7.
2 Cornwell 1999.
3 Das Zitat lautet komplett: „Da uns die Geschichte immer hart angefasst und nie verwöhnt hat, sind wir all unsern Wohltätern auch für kleine Gefälligkeiten dankbar gewesen. Doch keinem Papst der Geschichte haben die Juden herzlicher gedankt als Pius XII." Lapide 1967, S. 206.
4 Vgl. Hochhuth 2021 [1961].
5 Offizieller italienischer Text: *Questo voto l'umanitŕ lo deve alle centinaia di migliaia di persone, le quali, senza veruna colpa propria, talora solo per ragione di nazionalitŕ o di stirpe, sono destinate alla morte o ad un progressivo deperimento.* Pius XII. 1943, S. 23. Vgl. deutsche Übersetzung Pius XII. 1954 [1943], hier S. 118.
6 Die Ausstellung mit dem Titel *Opus Iustitiae Pax. Eugenio Pacelli – Pius XII. (1876–1958)* (lat.: Das Werk der Gerechtigkeit ist der Frieden) wurde zunächst vom 4. November 2008 bis zum 6. Januar 2009 im *Braccio di Carlo Magno* in Rom, vom 22. Januar bis zum 7. März 2009 im Schloss Charlottenburg in Berlin und vom 17. März bis zum 3. Mai 2009 im Karmeliterbau in München gezeigt. Vgl. dazu Kat. Regensburg 2009.
Unter die Überschrift „Hier hören Sie das Schweigen des Papstes" stellte Gustav Seibt am 17.5.2010 seinen Artikel in der *Süddeutschen Zeitung.* Vgl. Seibt 2010.
7 Vgl. Wolf 2022.
8 Vgl. Huener, S. 272–292.
9 Wachskerz 1942, fol. 33rv.
10 Vgl. Lehnert 1983.
11 Pius XII. 1966 [1941], hier S. 201.

Sonja Rakoczy
Waren die Kirchen und Klöster auch Opfer des Regimes?

„Ich möchte darauf hinweisen, daß die Aussaat des Hasses gegen das Christentum und besonders gegen die katholische Kirche [...] bereits ihre Früchte reifen lassen [sic]."[1] – Dr. Konrad Graf von Preysing (1880–1950), Bischof von Berlin, bezog sich 1937 in dieser an den damaligen Reichsminister Joseph Goebbels (1897–1945) gerichteten Stellungnahme auf zertrümmerte Kreuze in den Diözesen Freiburg und Rottenburg, die Beschädigung eines Altars in Eichstätt, die „Besudelung" einer Kirche bei Berlin, sowie Angriffe auf das bischöfliche Palais in Würzburg und auf einen Kardinal in München.[2]

Wie kam es zu diesen Übergriffen, und welche Ausmaße erreichte dieser „Hass gegen das Christentum" in der Zeit des Nationalsozialismus (NS)? Wurden die Kirchen und Klöster auch zu Opfern des NS-Regimes?

Kirchen und Klöster im Visier der Nationalsozialisten
Dem totalitären Geltungsanspruch des „Führerstaats" stand der gesellschaftliche Einfluss der Kirchen und Klöster entgegen. Diesen zu schwächen und schließlich zu beseitigen war ein Ziel der nationalsozialistischen Politik.[3] Schon 1933 machte Reichskanzler Adolf Hitler (1889–1945) in einer Rundfunkansprache seine Sicht auf religiöse Gemeinschaften klar: Sie seien ohne staatlichen Schutz in Bedrängnis. Der wiederum könne ihnen jedoch nur mit Hoffnung auf eine für das Regime nützliche Gegenleistung – er erkannte das Potenzial der christlichen Religion, die Kräfte von Volk und Streitkräften zu einen – angedeihen.[4] Damit verwies er die Kirchen und Klöster in eine bedrohliche Zwangslage. Seit Kriegsbeginn im Jahr 1939 trachtete Hitler danach, nach dem erhofften Sieg mit den Kirchen „abzurechnen"[5]. Eine Art „Burgfriede" sollte vorerst bereits eingeleitete Maßnahmen aussetzen. Die im Folgenden dargestellten Angriffe waren jedoch nicht mehr aufzuhalten.[6]

Verstummt, verunglimpft und vertrieben
Die Nachrangigkeit kirchlicher Interessen gegenüber denen des NS-Regimes zeigte sich augenfällig dort, wo kirchliche Güter und Glaubensorte zweckentfremdet wurden. Für den Materialbedarf der Rüstungsindustrie im kriegstreibenden Staat etwa mussten selbst historisch wertvolle Kirchenglocken herhalten (Abb. 20).[7] Der Protest des Freiburger Erzbischofs Conrad Gröber (1872–1948) und anderer[8] gegen die Einschmelzung von Kirchenglocken ist bemerkenswert, da die Freiheit der Meinungsäußerung und die Informationsfreiheit in der NS-Zeit stark eingeschränkt waren: Staatliche Zensur traf auch die kirchliche Presse. Die NS-Organisationen kontrollierten zudem die Inhalte von Gottesdiensten und der Seelsorge.[9] Als Schwester Brigitte Hilberling OP (1898–1985) die Nationalsozialisten in diesem Rahmen des Mordens an Juden im überfallenen Polen anklagte, wurde sie denunziert und erlitt in der Folge monatelange Gefängnisstrafen. Heute erinnert ein „Stolperstein" an

Abb. 20
Sammlung von Glocken aus Westfalen in Lünen, 1943

Abb. 21
**Gunter Demnig: KunstDenkmal STOLPERSTEIN
für Sr. Brigitte Hilberling OP, 2023**
Lichtenau, Stiftung *Kloster Dalheim*.
LWL-Landesmuseum für Klosterkultur

das Schicksal der Ordensfrau (Abb. 21).[10] Dass die Lehrerin in der Seelsorge beschäftigt war, ging auf ein vom NS-Regime verhängtes Unterrichtsverbot für Ordensleute und Menschen jüdischer Herkunft zurück – auf Hilberling traf beides zu. Von Orden geführte Schulen mussten in Folge der „Reichsschulreform" schließen, und die „Gleichschaltung", die die Unterordnung und Vereinnahmung der Gesamtgesellschaft unter die NS-Ideologie und -Organe bezweckte, erfasste auch weitere kirchliche Institutionen, Verbände und Vereine. Der Handlungs- und Wirkungsraum von Kirchen und Klöstern wurde damit stark eingeschränkt.[11]

„Mit härtesten Mitteln" wollte Reichspropagandaleiter Joseph Goebbels „den Pfaffen das Laufen beibringen."[12] Im Zuge dessen häuften sich Vorwürfe von Verstößen gegen „die Sitte" besonders gegenüber katholischen Kirchen- und Ordensmännern. Die entsprechend eingeleiteten „Sittlichkeitsprozesse" waren hauptsächlich politisch motiviert. Dennoch handelte es sich teils um die Verhandlung tatsächlicher Missbrauchsfälle. Aber auch Homosexualität wurde vom NS-Regime als Verbrechen gewertet. Den Verdächtigen drohten Geld- und Haftstrafen sowie Rufschädigung und körperliche Verletzungen. Die Bischöfe verurteilten die nachgewiesenen Übergriffe in einer Kundgebung, erkannten das öffentliche Vorgehen von Justiz und Berichterstattung aber als Hetze.[13] Der eingangs zitierte Bischof Preysing listete die Schäden auf, welche durch die „Schmutzflut, die sich durch die Publizistik aus den Sittlichkeitsprozessen in die deutsche Öffentlichkeit erg[oss]"[14], entstanden – dabei hatte er keine Hoffnung auf eine Einstellung des „Propagandafeldzug[s]"[15].[16]

Das NS-Regime griff gezielt die als „Lebensnerv"[17] der katholischen Kirche verstandenen Orden an. Dazu wurden zusätzlich sogenannte „Devisenprozesse" instrumentalisiert und propagandistisch in Szene gesetzt. Diese wandten sich gegen Ordensleute, die aufgrund ihrer Verpflichtungen gegenüber Ordensgemeinschaften oder Kreditgebern im Ausland gegen die verschärften NS-Finanzgesetze verstießen.[18] Das Vorgehen gegen das Ordenswesen gipfelte auf institutioneller Ebene zu Beginn der 1940er Jahre im sogenannten „Klostersturm". Über 300 Klöster wurden von den Nationalsozialisten beschlagnahmt. Ihre Bewohner verloren nicht nur ihr Obdach, sondern auch ihren Glaubensort und ihre religiösen Gegenstände. Die Orden litten unter der Zerstreuung ihrer Mitglieder durch die Vertreibung, aber auch deren Einberufung in den Kriegsdienst. Propaganda und Bedrohung hatten zur Folge, dass immer weniger Menschen neu in Klöster eintraten.[19]

Gläubige im Haft- und Vernichtungssystem des NS-Regimes

Die persönlichen Schicksale von Kirchen- und Ordensleuten führten diese unfreiwillig an die Front, in Gefängnisse, Konzentrationslager und zu Hinrichtungsstätten. Das NS-Regime etablierte ein Kategorisierungssystem für seine Opfer auf Seiten der Kirchen und Klöster: Vom Jesuitenpater August Benninghaus SJ (1880–1942) sprach die Geheime Staatspolizei zum Beispiel als einem „typischen Vertreter des politischen Katholizismus"[20], weil er sich in Predigten kritisch gegenüber dem Nationalsozialismus geäußert hatte. Als solcher gehörte Benninghaus in seiner späteren Haft zu den „politischen Gefangenen" des Regimes. In diese Kategorie fielen auch Mitglieder des aktiven Widerstands, etwa der evangelische Theologe Dietrich Bonhoeffer (1906–1945)[21]. Benninghaus und Bonhoeffer starben beide in Konzentrationslagern. Im Konzentrationslager Dachau wurde den geistlichen „politischen Gefangenen" sogar ein eigener Block zugeteilt.[22]

Zum Feindbild der Nationalsozialisten gehörten auch Kirchen- und Ordensleute jüdischer Herkunft. Dies wurde besonders deutlich, als Konvertierte und „Jüdischstämmige" bei einer Vergeltungsaktion in den besetzten Niederlanden gezielt verschleppt wurden, nachdem die dortigen Bischöfe gegen Deportationen von Juden demonstriert hatten. Unter ihnen waren auch die als Edith Stein geborene Schwester Teresia Benedicta a Cruce OCD (1891–1942) und ihre leibliche Schwester, die im Vernichtungslager Auschwitz-Birkenau ermordet wurden.[23]

Nach den Juden ist die Religionsgruppe mit den höchsten Opferzahlen die der Zeugen Jehovas. Aus Glaubensgründen verweigerten sie die Beteiligung an Rüstung und Kampf, und galten den Nationalsozialisten daher als „Wehrkraftzersetzer".[24] Während in Konzentrationslagern politische Gefangene mit einem roten Winkel und Häftlinge jüdischer Abstammung durch einen eingefärbten Davidsstern auf der Kleidung stigmatisiert wurden, waren die heutigen Zeugen Jehovas, von den Nationalsozialisten als „Bibelforscher" eingruppiert, am lila Winkel zu erkennen (Abb. 22).[25]

Schlussbemerkung

An dieser Stelle kann nicht eingehender in Worte gefasst werden, welche Bedrohungen und Gräuel teils gemäß und teils entgegen damaligem Gesetz und immer wieder entgegen Moral und Menschenrecht Kirchen- und Ordensleute erleiden mussten.[26] In der Gesamtschau bleibt festzustellen, dass Kirchen und Klöster auch Opfer des NS-Regimes waren. Während manche Aspekte der nationalsozialistischen Maßnahmen gegen Kirchen und gegen die Zeugen Jehovas[27] im öffentlichen Bewusstsein präsent sind, gehören „die Orden und Klöster bislang zu den ‚vergessenen Opfern' der nationalsozialistischen Verfolgung."[28]

Abb. 22
Winter-Häftlingshose von Werner Edling, gekennzeichnet mit einem lilafarbenen Winkel als Erkennungszeichen für Zeugen Jehovas
Büren, Kreismuseum Wewelsburg (Nachlass Wettin Müller), Inv. Nr. 15536

Anmerkungen

1 Preysing 1937, S. 17.
2 Vgl. ebd.
3 Vgl. Blaschke 2020, S. 217.; ebd., S. 126f.; und Hockerts 1971, S. 132–136.
4 Vgl. Hitler 1933, Min. 01:02–01:25.; und ebd., Min. 05:15–05:26.
5 „Ich behalte mir persönlich die Abrechnung mit den Kirchen nach Kriegsende bevor. Unterzeichnet Adolf Hitler", zitiert nach Becker 1966.
6 Vgl. ebd.; Blaschke 2020, S. 203–217.; Mertens 2006, S. 386f.; Grabe 2004, S. 590–593.; und Lammers 1940.
7 Der Gesamtverlust an Glocken in der NS-Zeit beträgt annähernd 77 Prozent. Vgl. Schulte 2019, S. 13–20.; Glocken 1952, S. 3–10.; und Scherner 2018, S. 244–254.
8 Vgl. ebd., S. 253.
9 Vgl. Blaschke 2020, S. 133f.; ebd., S. 214.; ebd., S. 221.; und Schilling 1941.
10 Vgl. Brodesser 1996.
11 Vgl. ebd.; Blaschke 2020, S. 126–128.; ebd., S. 146–152.; ebd., S. 210f.; Denzler/Fabricius 1984, S. 86–92.; Stüken 1999, S. 110–112.; Mertens 2006, S. 60–65.; Nolzen 2020, S. 166–170.; und Wego 2014.
12 Goebbels 1987 [1937], S. 127f.
13 Vgl. Bischöfe 1937, bes. S. 3.; und Hockerts 1971, S. 152–173.
14 Preysing 1937, S. 17.
15 Ebd.
16 Vgl. Hockerts 1971, bes. S. 59–108.; ebd., S. 217.; Schulz 2010, S. 14–19.; Schwartz 2014, S. 13f.; Mertens 2006, S. 57–59.; Forstner 2021.; Fleckenstein 2009, S. 54f.; und Blaschke 2020, S. 154.
17 SS 1935, S. 1294.
18 Vgl. ebd., S. 1292–1294.; Schulz 2010, S. 13f.; ebd., S. 36.; ebd., S. 41.; Blaschke 2020, S. 128–131.; ebd., S. 154–158.; Mertens 2006, S. 55–57.; ebd., S. 65.; Rapp 1981, bes. S. 318–322.; und Fleckenstein 2009, S. 54f.
19 Vgl. ebd., S. 55f.; Mertens 2006, passim.; Saal 1993, S. 176f.; und Langenfeld 1997.
20 Zitiert nach Rieke-Benninghaus 2006, S. 60.
21 Vgl. dazu den Beitrag von Olaf Blaschke in diesem Band.
22 Vgl. Rieke-Benninghaus 2006, passim.; Scherf 2018, S. 88–97.; ebd., S. 141–149.; Denzler/Fabricius 1984, S. 187–193.; und Blaschke 2020, S. 191.
23 Vgl. ebd., S. 191f.; ebd., S. 224.; ebd., S. 228.; Mertens 2006, S. 392.; Brechenmacher 2008, bes. S. 21.; und Gerl-Falkovitz 2013.
24 Blaschke 2020, S. 219f.; Saal 1993, S. 176f.; Kat. Frankfurt 2021, S. 154f.; und Garbe 1994, S. 4–15.
25 Vgl. ebd., S. 9f.; und Weber 2018.
26 Zum weiteren Überblick: In Hehl 1984 ist beruhend auf Fragebögen eine weitgreifende Zusammenstellung von 10.315 katholischen Priestern zu finden, welche unter NS-Maßnahmen litten. Geistliche, die im Konzentrationslager Dachau gefangen waren, sind aufgelistet in Weiler 1971.
27 2023 entschied sich der Bundestag zur Errichtung eines Mahnmals für die in der NS-Zeit verfolgten Zeugen Jehovas, deren Religionsgemeinschaft seit dem 21. Jahrhundert in Deutschland als Körperschaft des öffentlichen Rechts den Kirchen gleichgestellt ist. Vgl. Garbe 1994, S. 3.; Sax 2023 [2014].; und Bundestag 2023.
28 Mertens 2006, S. 395.

Olaf Blaschke
Widerwille, Widerspruch, Widerstand?

Prägend für die Diskussion seit 1945 über das Verhalten der Kirchen unter dem Regime der Nationalsozialisten (NS) wurden zwei Begriffe: „Kirchenkampf" und „Widerstand". Doch genau besehen, gab es den „Kirchenkampf" gar nicht, nicht als den Kampf des NS-Regimes gegen die Kirchen und auch nicht als den Kampf der Kirchen gegen das NS-Regime, sondern es gab nur einzelne politische Maßnahmen und einzelne kirchliche Gegenmaßnahmen, insgesamt aber ein hohes Maß an Anpassung. Auch mit dem Widerstand ist es komplizierter. Die Überzeugung, die katholische Kirche oder die evangelische Bewegung der Bekennenden Kirche seien geschlossen im Widerstand gewesen, gilt inzwischen als überholt. Dennoch stehen in vielen Geschichtsbüchern die Kirchen im Kapitel „Widerstand", einträchtig neben der Widerstandsgruppe „Weiße Rose" und dem Kreis um Claus Graf von Stauffenberg, der am 20. Juli 1944 ein Attentat auf den Diktator Adolf Hitler (1889–1945) verübte. Die Frage, was als Widerstand gegen den Nationalsozialismus bezeichnet werden kann, beschäftigt Historiker und Theologen seit der Nachkriegszeit und mündet in unterschiedliche Widerstands-Modelle.

Ausweitung und Ausdifferenzierung des Widerstandsbegriffs

Von Anfang an geriet die Aufarbeitung der Rolle der Kirchen im Nationalsozialismus sowohl von geschichtswissenschaftlicher als auch von Seiten der Kirchen auf die schiefe Bahn. Die evangelische Bekenntniskirche wurde offiziell durch den Kassationshof im Bayrischen Staatsministerium für Sonderaufgaben als maßgebendes oberstes Gericht in einer Entscheidung vom 14.10.1946 zur „Widerstandsbewegung" erklärt. Den Katholizismus würdigte der wegen seiner kritischen Schriften im Jahr 1941 zwischenzeitlich in den Konzentrationslagern der Nationalsozialisten internierte katholische Theologe Johannes Neuhäusler (1888–1973) in seinem Hauptwerk *Kreuz und Hakenkreuz: der Kampf des Nationalsozialismus gegen die katholische Kirche und der kirchliche Widerstand* (1946): Wie Licht und Finsternis hätten sich Katholizismus und Nationalsozialismus ausgeschlossen.[1]

Unzufrieden mit dem wenig differenzierten und moralisch aufgeladenen, politischen Widerstandsbegriff, weiteten Historiker um 1980 den Blick aus: weg von mutigen Attentätern hin zu kleinen Protestformen im Alltag. Der neue Begriff hieß „Resistenz". Er zielte auf verschiedene Facetten des Verhaltens, die den totalitären Anspruch des Regimes in seine Grenzen wiesen. Dafür brauchte es nicht einmal den Willen der Akteure, widerständig sein zu wollen. Es reichte vielmehr, dem Allmachtsanspruch der Nationalsozialisten im Wege zu stehen. Resistenz bedeutete demnach „wirksame Abwehr, Begrenzung, Eindämmung der NS-Herrschaft oder ihres Anspruches, gleichgültig von welchen Motiven, Gründen und Kräften her."[2] Der weniger moralisierbare Begriff schaltete von der ehrenwerten Intention um auf die Wirkung von Handlungen. Wer sonntags seine Kinder in die Kirche schickte statt in ein Zeltlager der Hitlerjugend, dämmte damit schon die NS-Herrschaft ein.

Abb. 23
Der christliche Widerständler Dietrich Bonhoeffer wurde 1945 von den Nationalsozialisten ermordet.

Bald entwickelten Historiker unzählige Unterarten von Widerstand und Resistenz: passive und aktive Opposition, Dissens, Verweigerung, Nichtanpassung, Abstand, weltanschauliche Distanz, Widersetzlichkeit, Selbstbewahrung, Nonkonformität, christliches Zeugnis, abweichendes Verhalten, Verfolgung und Martyrium.[3]

Stufenmodelle des Widerstands

Komplexe Stufenmodelle versuchten, den Widerstand zu fassen. Ihre Kategorien reichten von „momentaner Missbilligung" bis zum „Umsturzversuch". Einen Vorschlag zur Deutung des evangelischen „Kirchenkampfes" trug schon 1963 der evangelische Theologe Eberhard Bethge (1909–2000) vor. Der Freund und Biograph des 1945 im Konzentrationslager Flossenbürg hingerichteten evangelischen Theologen Dietrich Bonhoeffer (1906–1945) unterschied fünf „Stufen des Widerstandes", die er auch an realen Biographien festmachte: „Passiven Widerstand" konnten Akteure aus Gewerkschaften, Kirchen und Wissenschaft ausüben. Der „offene ideologische Widerstand" läge auf einer gefährdeteren Ebene. Hier hätten sich Michael Kardinal von Faulhaber (1869–1952) und der evangelische Landesbischof Theophil Wurm (1868–1953) bewährt. Der Kreis des Widerstandes verengt sich auf der dritten Stufe der „Mitwisserschaft". Zum „aktiven Vorbereiten eines Danach" gehöre der von den Nationalsozialisten zum Tode verurteilte Lutheraner Helmuth James Graf von Moltke (1907–1945). Die letzte Stufe eröffnet die „konspirative Aktion"[4]. Dietrich Bonhoeffer (Abb. 23) sei den Weg von der ersten „zur dritten Stufe der Mitwisserschaft an Umsturzvorbereitungen"[5] gegangen.

< Abb. 24
In drei Predigten übte
der Bischof von Münster
Clemens Graf von Galen 1941
öffentlich Kritik an Maßnahmen
der NS-Regierung.

Abb. 25 >
Abschrift einer Predigt
von Galens vom 3. August 1941
(Lambertikirche in Münster)
Düsseldorf, Archiv der Evangelischen
Kirche im Rheinland: Best. 6HA 004, B30

– 2 –

über die Torheit, über das Unrecht, über das Verbrechen des Nichtwollens und über das daraus entstehende Unheil, das seine Allwissenheit kommen sieht, das seine Gerechtigkeit verhängen muß, wenn der Mensch, den Geboten Gottes, allen Mahnungen des Gewissens, allen liebevollen Einladungen des göttlichen Freundes, des besten Vaters, sein Nichtwollen entgegensetzt: "Wenn du es doch erkenntest! Aber du hast nicht gewollt!" Es ist etwas furchtbares, etwas unerhört ungerechtes und verderbenbringendes, wenn der Mensch seinen Willen gegen Gottes Willen stellt! Du hast nicht gewollt! Darum weint Jesus über Jerusalem.

Andächtige Christen! In dem am 6. Juli in allen Kirchen Deutschlands verlesenen Hirtenbrief heißt es u.a.: "Gewiß gibt es nach der katholischen Sittenlehre positive Gebote, die nicht mehr verpflichten, wenn ihre Erfüllung mit allzu großen Schwierigkeiten verbunden ist. Es gibt aber auch heilige Gewissenspflichten, von denen uns niemand befreien kann, und die wir erfüllen müssen, koste es uns selbst das Leben. Nie, unter keinen Umständen, darf der Mensch außerhalb des Krieges und der gerechten Notwehr einen Unschuldigen töten.

Ich hatte schon am 6.7.41 Veranlassung, diesen Worten des gemeinsamen Hirtenbriefes in Telgte folgende Erläuterung hinzuzufügen: "Seit einigen Monaten hören wir Berichte, daß aus Heil- und Pflegeanstalten für Geisteskranke auf Anordnung von Berlin Pfleglinge, die schon länger krank sind und vielleicht unheilbar erscheinen, zwangsweise abgeführt werden. Regelmäßig erhalten dann die Angehörigen nach kurzer Zeit die Mitteilung, der Kranke sei verstorben, die Leiche sei verbrannt, die Asche könne abgeliefert werden! Allgemein herrscht der an Sicherheit grenzende Verdacht, daß diese zahlreichen unerwarteten Todesfälle von Geisteskranken nicht von selber eintreten, sondern absichtlich herbeigeführt werden, und daß man dabei jener Lehre folgt, die behauptet, man dürfe sogenanntes lebensunwertes Leben vernichten, also unschuldige Menschen töten, wenn man meint, ihr Leben sei für Volk und Staat nicht mehr wert. Eine Lehre, die furchtbar ist, die Ermordung Unschuldiger rechtfertigen will – die die gewaltsame Tötung der nicht mehr arbeitsfähigen Invaliden, Krüppel, Unheilbarkranken, Altersschwachen grundsätzlich freigibt."

Wie ich zuverlässig erfahren habe, werden jetzt auch in den Heil- und Pflegeanstalten der Provinz Westfalen Listen aufgestellt von solchen Pfleglingen, die als sogenannte "unproduktive Volksgenossen" abtransportiert und in kurzer Zeit ums Leben gebracht werden sollen. Aus der Anstalt Marienthal bei Münster ist in dieser Woche der Transport abgegangen! Deutsche Männer und Frauen. Noch ist Gesetzeskraft § 211 des Strafgesetzbuches, der bestimmt: "Wer vorsätzlich einen Menschen tötet, wird, wenn er die Tötung mit Überlegung ausführt, wegen Mordes mit dem Tode bestraft." Wohl um diejenigen, die jene armen kranken Menschen, Angehörige unserer Familien, vorsätzlich töten, vor dieser gesetzlichen Bestrafung zu bewahren, werden die zur Tötung bestimmten Kranken aus der Heimat abtransportiert in eine entfernte Anstalt. Als Todesursache wird dann irgendeine Krankheit angegeben. Da die Leiche sogleich verbrannt wird, können die Angehörigen und auch die Kriminalpolizei es hinterher nicht mehr feststellen, ob die Krankheit wirklich vorgelegen hat und welche Todesursache vorlag. Es ist mir aber versichert worden, daß man im Reichsinnenministerium und auf der Dienststelle des Reichsärzteführers Dr. Conti gar keinen Hehl daraus mache, daß tatsächlich schon eine große Anzahl Geisteskranker in Deutschland getötet worden ist und getötet werden soll.

Das Strafgesetzbuch bestimmt in § 139: "Wer von den Vorhaben eines Verbrechens wider das Leben glaubhafte Kenntnis erhält und es unterläßt, der Behörde oder dem Bedrohten zur rechten Zeit Anzeige zu machen, wird bestraft." Als ich von dem Vorhaben erfuhr, Kranke aus Marienthal abzutransportieren, um sie zu töten, habe ich am 28. Juli 1941 bei der Staatsanwaltschaft, beim Landgericht in Münster und bei Herrn Polizeipräsidenten in Münster Anzeige erstattet durch eingeschriebenen Brief mit folgendem Inhalt: "Nach mir zugegangenen Nachrichten soll im Laufe dieser Woche (man spricht vom 31.7.) eine große Anzahl Pfleglinge der Provinzial-Heilanstalt Marienthal bei Münster als sogenannte unproduktive Volksgenossen nach der Heilanstalt Eichberg überführt werden, um dann alsbald

–3–

Höchst einflussreich war auch das von drei katholischen Historikern 1983 entworfene Widerstandsmodell. Sie interessierte, in welchem Umfang sich die katholische Kirche dem NS-Regime widersetzt hatte. Ein Beamter, der 1937 in einer Fronleichnamsprozession mitging, demonstrierte demnach kirchliche Loyalität und riskierte, dass das Regime ihm nachstellte. Wer aber heimlich den Umsturz plante, setzte sein Leben aufs Spiel. „Beide leisteten ‚Widerstand', aber in ungleichem Sinne."[6]

Der Widerstand wird somit in vier Grade abgestuft:

1. „Punktuelle Unzufriedenheit"

Die unterste Stufe bildet „punktuelle Unzufriedenheit", vom Schimpfen der Arbeiter über niedrige Löhne bis zur Aufregung über die *Stürmer*-Kästen im Dorf, in denen das NS-Hetzblatt aushing. Unmutsäußerungen konnte das Regime unter Widerstandsverdacht stellen.

2. „Resistenz, Nichtanpassung"

Die zweite Stufe sei, „weitaus eindeutiger", schon „Widerstand" und „Resistenz". Wehrte sich eine Gruppe gegen Angriffe auf ihre Eigenständigkeit – und die Kirchen verteidigten ja zum Beispiel die Konfessionsschulen – wurde etwa passiver Widerstand geleistet. Nicht-Anpassung begrenzte die NS-Herrschaft und behinderte in einem konkreten Bereich die Durchsetzung des Totalitätsanspruchs.

3. „Öffentlicher Protest"

Offensiv dagegen war die „Flucht in die Öffentlichkeit" oder deren Androhung. Der Protest konnte sich gegen bestimmte Erscheinungsformen des Regimes richten oder gar zu einem generellen Loyalitätsbruch führen. Beispiele sind die Predigten des Münsteraner Bischofs Clemens August Graf von Galen (1878–1946) gegen die „Euthanasie" – das systematische Töten von Kranken und Behinderten durch das NS-Regime – aus dem Jahr 1941 (Abb. 24 und 25) wie auch die evangelische Bekenntnissynode von Barmen. Sie sprach sich 1934 gegen deutschchristliche theologische Irrtümer aus.

4. „Aktiver Widerstand"

Der aktive, der eigentliche „Widerstand im engeren Sinne" zielte auf den politischen Umsturz des Regimes, auf ein generelles Nein, während von Stufe eins bis drei der Protest auf einzelne Sektoren beschränkt blieb. „Daher konnten Unzufriedenheit, Nicht-Anpassung und Protest sich im übrigen mit partieller Loyalität gegenüber dem Regime verbinden."[7]

Tatsächlich ging politischer Widerstand weder von katholischen noch von protestantischen Amtskirchenführern aus. Seit 1933 kämpften die Kirchen primär für ihre „Selbstverteidigung" und gegen das rassistische Neuheidentum. „Die meisten Gläubigen folgten der kirchlichen Führung."[8] Insbesondere die katholische Kirche setzte dem Regime Grenzen. „Vor allem darin lag ihr Widerstand."[9]

Gegen dieses Modell ist inzwischen Kritik laut geworden.[10] Das „Dritte Reich" funktionierte und blieb bis 1945 stabil, während 95 Prozent der Deutschen Mitglieder einer Kirche waren, mithin eben nicht „die meisten Gläubigen" oder gar 95 Prozent im Widerstand. Woraus sonst sollte der Nationalsozialismus bestanden haben als aus diesem Reservoir der 95 Prozent Kirchenmitglieder plus einer winzigen Minderheit Ausgetretener und Deutschgläubiger?

Stufen des Widerstands und der Kollaboration

Es ist deshalb nur fair, die unzähligen Widerstands-Stufenmodelle mit einem Gegengewicht auszugleichen (Abb. 26). Das NS-Regime war eine Konsensdiktatur. Sie beruhte, anders als die Deutsche Demokratische Republik, auf weitgehender Zustimmung, anfangs gar Begeisterung.[11]

Abb. 26
Stufen des Widerstands und der Kollaboration
Modell Olaf Blaschke

1. „Punktuelle Zufriedenheit"

Mit etlichen Einstellungen und Maßnahmen der Nationalsozialisten stimmten selbst überzeugte Widerstandskämpfer überein, wenn sie zum Beispiel wieder einen Arbeitsplatz bekamen oder die „Wiederherstellung von Ordnung" und das Verschwinden der „Sozis" aus dem Straßenbild begrüßten.[12]

2. „Kooperation und Anpassung"

Gewöhnliches, unreflektiertes Mitläufertum verlangte keinen Konsens mit allen Maßnahmen und Idealen des Regimes. Wo es nötig war, im Berufsalltag etwa, sicherte angepasstes Betragen ein auskömmliches, stressreduziertes Leben, auch wenn auf anderen Feldern wie der Gemeindearbeit abweichendes Verhalten praktiziert wurde.

3. „Loyalität bis zum Konsens"

Ideologische Schnittmengen zum Nationalsozialismus fanden Christen schon vor 1933, etwa im geteilten Antibolschewismus und Volksgemeinschaftsideal. Die Loyalität zum Reich bis hin zur Übereinstimmung mit der NS-Politik und bestimmten NS-Idealen eröffnete ein weites Spektrum von Verhaltensweisen. Das „Wirtschaftswunder" und die Statusaufwertung der Arbeit verwandelten selbst eingefleischte SPD-Genossen in loyale „Volksgenossen".

4. „Aktive Kollaboration"

Das Verhaltensmuster der authentischen Partizipation, die Doppelgläubigkeit von nationalsozialistischen Christen ist unter Katholiken im Vergleich zu den Deutschen Christen seltener zu konstatieren. Die „Brückenbauer", die zwischen Katholizismus und Nationalsozialismus vermittelten, blieben eine Minderheit.

Diese eigentliche, aktive Kollaboration war weitaus verbreiteter als das Phänomen des aktiven politischen Widerstandes. Umso merkwürdiger bleibt es, wenn im Zuge der Aufarbeitung stets der Widerstand ausgeleuchtet wird anstatt die viel verbreiteteren Konsens- bis Kollaborationsphänomene. Die Stufenmodelle dienen als Hilfsmittel, um spezifische Verhaltensweisen zu einem gegebenen Zeitpunkt identifizieren zu können. Charakteristisch für die Zeit von 1933 bis 1945 war es, zugleich im Konsens und im Widerspruch leben zu können.

Anmerkungen

1 Neuhäusler 1946.
2 Broszat 1986, S. 144.
3 Belege bei Blaschke 2010, S. 64.
4 Bethge 1963, S. 221f.
5 Boyens 1983, S. 674.
6 Gotto/Hockerts u.a. 1983, S. 656.
7 Ebd.
8 Ebd., S. 661.
9 Ebd., S. 667.
10 Vgl. Blaschke 2010; und ders. 2014, S. 191–202.
11 Vgl. Gailus 2021; und Blaschke/Großbölting 2020.
12 Vgl. Beck 2022.

...iger rechtfertigen will.
...beitsfähigen Invaliden, Kr...
...ndsätzlich freigibt."

...erden jetzt auch in den He...
...isten aufgestellt von solc...
...ktive Volksgenossen" abtra...
...t werden sollen. Aus der...
...r Woche der Transport abge...
... Gesetzeskraft § 211 des...
...ch einen Menschen tötet,...
...t, wegen Mordes mit den...
...kranken Menschen, Angehöri...
...der gesetzlichen Bestrafu...
...uten Kranken aus der Hei...
...Als Todesursache wird dar...
...ogleich verbrennt wird, k...
...izei es hinterher nicht

Sonja Rakoczy
Konsens, Kooperation, Mittäterschaft?

Den Altarraum der von 1933 bis 1935 erbauten Martin-Luther-Gedächtniskirche im Berliner Ortsteil Mariendorf überspannt ein Triumphbogen, der mit über 800 Keramikplatten des Bildhauers Heinrich Mekelburger (1885–1949) bestückt ist. Sie zeigen wiederkehrende Motive, darunter musizierende Engel, die griechischen Buchstaben Alpha und Omega und das Kreuz (Abb. 27). Diese sind baulich direkt mit weit weniger christlichen Symbolen verbunden: Bauernsichel und Hammer, Adler und Soldaten stehen eindrücklich für die Ideologie des Nationalsozialismus (NS). Mit dem Entwurf der Kacheln hatte sich der Künstler erfolgreich beim zuständigen Gemeindekirchenrat beworben. Heute versteht die Gemeinde den Bau als Denk- und Mahnmal, in dem diese Symbole – bis auf das ursprünglich ebenfalls vertretene, strahlengekränzte Hakenkreuz – noch heute zu sehen sind. Im Volksmund wird das Gebäude auch „Nazi-Kirche"[1] genannt.[2] Damit bringt es zwei Begriffe zusammen, die eigentlich unvereinbar scheinen. Dass sich Kirche und Nationalsozialismus aber ebenso wenig ausschlossen wie Christentum und Führerkult, kann eine Spurensuche in Zeugnissen der NS-Zeit verdeutlichen.

Glaubensgenossen?

So schlossen manche Gläubige den Reichskanzler Adolf Hitler (1889–1945) sogar in ihr Gebet ein.[3] Zu denen, die seine Politik und die „Machtergreifung" vom 30. Januar 1933 befürworteten, zählte die evangelische Äbtissin Emilie von Möller (amt. 1927–1944). In der Chronik ihres Damenstifts in Kloster Lüne notierte sie: „[Adolf Hitlers] Leistungen sind grossartig [...]. [E]r opfert seine ganze Kraft nur fürs Vaterland."[4] Im neuen Reichskanzler sah sie den Beschützer vor dem als Bedrohung empfundenen Bolschewismus. Wie Äbtissin Möller traten viele ihrer Stiftsschwestern in die Nationalsozialistische Deutsche Arbeiterpartei (NSDAP) ein: Ihnen war das „Führerprinzip", das auf eine Autorität ausgerichtete System des Nationalsozialismus, näher als die Demokratie der Weimarer Republik.[5]

So empfand auch der Monarchist Abt Ildefons Herwegen OSB (1874–1946). Er ermöglichte aus ideologischer Nähe Ende April 1933 ranghohen Nationalsozialisten des regimetreuen Bunds katholischer Deutscher „Kreuz und Adler" eine Tagung in seinem Kloster Maria Laach. Dort beherbergte er allerdings zeitgleich auch einen Schulfreund: Als „Bruder Konrad" fand der demokratische Politiker Konrad Adenauer (1876–1967) in der Benediktinerabtei Unterschlupf, nachdem er von den Nationalsozialisten seiner Ämter enthoben worden war. Mit den zunehmenden Vorstößen gegen Kirchen und Klöster kehrte sich Abt Herwegen schließlich selbst vom Nationalsozialismus ab.[6]

Dagegen trat der katholische Pfarrer Johannes Strehl (amt. 1933–1936) aus Berlin laut der Geheimen Staatspolizei (Gestapo) des NS-Regimes „stets in vorbildlicher Weise für eine harmonische Zusammenarbeit der katholischen Kirche mit dem Nationalsozialismus ein"[7]. Diese Zusammenarbeit ging bei ihm und anderen Kirchen- und Ordensleuten über eine politische Zustimmung und ideologische Nähe hinaus. Sie stützten das NS-Regime durch propagandistische Auftritte und nationalso-

Abb. 27
Triumphbogen der Berliner
Martin-Luther-Gedächtniskirche,
vor 1945

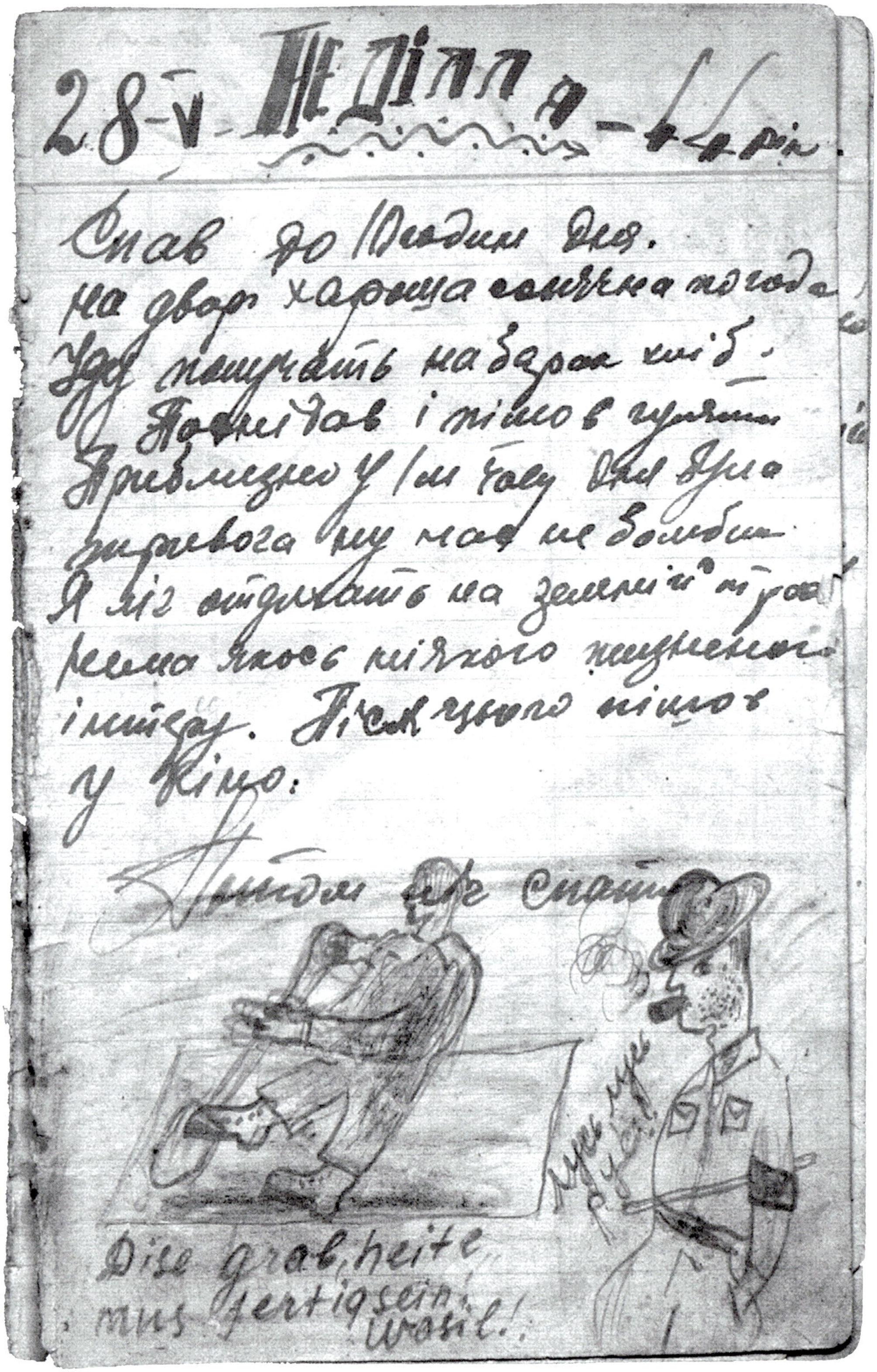

28-V Неділя — Карін

Спав до Видин дня.
На дворі хароша сонічна погода.
Йду пошукать на базар хліб.
Пошукав і пішов гулять
Приблизно у 1ш году дня дня
тривога ну має не бомбить.
Я ліг одпочить на земли и про-
спав якось півгоди нужденого
і милого. Після усього пішов
у кіно.

Пішов вже спати

Luft Luft Kuberst

Dise grab, heite
mus fertig sein,
Wasil!

Abb. 28
Tagebuch des jugendlichen
Wasyl T. Kudrenko (1926–2007)
über sein Leben
als Zwangsarbeiter
im Friedhofsdienst
für deutsche Gemeinden,
um 1944
Berlin, Evangelisches
Landeskirchliches Archiv,
ELAB 166/15

zialistische Reden. So lud Strehl den Reichskanzler und hohe Parteifunktionäre zu seiner von der NSDAP unterstützten Amtseinsetzung bei der Potsdamer Pfarrei St. Peter und Paul ein. Andersdenkende wollte der Pfarrer nicht nur beeinflussen, sondern er verriet sie an die Gestapo.[8]

Kirchen als Teil der Kriegsmaschinerie

Auch auf institutioneller Ebene kam es zur Zusammenarbeit der Kirchen mit der kriegstreibenden Regierung. Denn diese nutzte die Militärseelsorge trotz der zunehmenden gesellschaftlichen Zurückdrängung der Kirchen als ein strategisches Mittel, um die Kampfmoral der Soldaten zu stärken. Etwa 1.340 deutsche „Kriegspfarrer" waren im Zweiten Weltkrieg eingesetzt, darunter etwas mehr Katholiken als Protestanten. Sie leisteten mobile Seelsorge und hielten Gottesdienste oder Beerdigungen ab. Während viele dies eher pflichtbewusst taten, kam es bei dem evangelischen Theologen Hermann W. Beyer (1898–vermisst 1942) zu einer regelrechten Kriegseuphorie: „Mir machte es mächtigen Spaß, einmal wieder die Feuerbefehle geben zu können, und ich war richtig stolz, als einmal schon der dritte Schuß mitten im Ziel saß."[9], schrieb er in sein Tagebuch – das Ziel war ein gegnerischer Beobachtungsstand.[10]

An der „Heimatfront" wurden die Kirchen ebenfalls zum „Teil der Kriegsgesellschaft"[11]: In Berlin betrieben zwei katholische und 26 evangelische Gemeinden ein Lager für Zwangsarbeiter. Diese waren meist verschleppte Bürger überfallener Länder. Ihre Zwangsdienste erhielten zu Kriegszeiten das Alltagsleben, die Wirtschaft und auch die Rüstungsindustrie im NS-Staat. In Berlin wurden sie unter Lebensgefahr als Totengräber für Bombenopfer eingesetzt (vgl. Abb. 28).[12]

Zwischen Mitwisser- und Mittäterschaft

Akteure auf Seiten der Kirchen und Klöster treten auch im Zuge der nationalsozialistischen Verfolgung und Vernichtung ganzer Menschengruppen in Erscheinung. Gezielte Gewaltmaßnahmen wurden beispielsweise durch Informationen ermöglicht, die aus Kirchenbüchern stammten: Diese Bücher dokumentieren Familienbeziehungen über Generationen hinweg. Der Berliner Pfarrer Karl Themel (1890–1973) meldete sich freiwillig zu deren Auswertung. Zuvor hatte der Katholik an der Preußischen Staatsmedizinischen Akademie einen Kurs in der sogenannten „Erblehre und Rassenkunde" besucht. Er und seine Kollegen kennzeichneten Menschen jüdischer Herkunft mit den Namenszusätzen „Sara" und „Israel". Diese und „fremdstämmige" Personen meldeten sie den NS-Behörden. Als „fremd" und „nicht zum deutschen Volk gehörig" wurden dabei neben jüdisch-stämmigen Personen auch solche mit dunkler Hautfarbe oder Sinti und Roma in Themels Unterlagen markiert.[13] Vertreter der letztgenannten Minderheit suchten vergeblich Hilfe bei der Kirche, indem sie sich zum Beispiel mit Informationen über ihre Verfolgung an Bischöfe wandten. Anstatt einzuschreiten aber begleitete das Personal kirchlicher Heime rassistische Experimente und die Deportation von Kindern, deren Eltern bereits in Vernichtungslager verschleppt worden waren.[14]

Auch der als „Euthanasie" bezeichnete staatlich organisierte Massenmord der Nationalsozialisten an Personen mit Behinderung, körperlichen oder geistigen Einschränkungen, deren Leben gemäß der NS-Ideologie als „unwert" galt, blieb bei Kirchenmitgliedern nicht unbemerkt, wurde aber teils hingenommen: Als zum Beispiel der Pfarrer der Gemeinde Marsberg im Sauerland seitenweise Todesfälle aus der in der NS-Zeit im dortigen St. Johannes-Stift eingerichteten „Kinderfachabteilung" in das Kirchenbuch eintrug, waren diese Morde in der evangelischen Gemeinde „ein offenes Geheimnis."[15]

Da in der Pflege und Patientenbetreuung häufig Ordensleute arbeiteten, waren diese auch unmittelbar an den von den Nationalsozialisten initiierten Tötungsmaßnahmen beteiligt. Bekannt geworden ist besonders der Fall der Heil- und Pflegeanstalt Kaufbeuren-Irsee. Gemäß dem „Hungerkost-Erlass" (Abb. 29) des Bayerischen Staatsministeriums vom 30.11.1942 bereiteten die dort tätigen Barmherzigen Schwestern des hl. Vinzenz von Paul ihren Schutzbefohlenen besonders nahrungsarme Kost zu (vgl. Abb. 30), in deren Folge diese verhungern sollten. Nur heimlich gab Schwester M. Felix (1900–1983) laut ihrer späteren Zeugenaussage etwas Mehl oder Fett dazu. Die Schwestern schauten bei verdächtigen medizinischen Behandlungen weg und bereiteten den Abtransport von Patienten vor. Das Ziel dieser Fahrten erkannten sie spätestens, als sie die auf links von den Patienten heruntergerissene, nach Gas stinkende Kleidung zurückerhielten. Dennoch bereiteten sie weitere Deportationen vor: als caritativen „Liebesdienst"[16]. Dazu riet ihnen der Augsburger Generalvikar und Bischof Franz X. Eberle (1874–1951), als ihn eine zweifelnde Anfrage erreichte, als auch Familienmitglieder der Schwestern betroffen waren.[17]

Schlussbemerkung

Diese beispielhafte Zusammenschau des Verhaltens kirchlicher Akteurinnen und Akteure während der NS-Zeit verdeutlicht eindrücklich: Unter den Angehörigen der Kirchen und Klöster gab es – wenn auch teils nur punktuelle – Befürworter des Nationalsozialismus, von denen viele auch zur Kooperation bereit waren. Das Verhalten einzelner Akteure, aber auch kirchlicher Institutionen, bewegte sich in der NS-Zeit vielfach zwischen Konsens und Kollaboration, Mitwisser- und Mittäterschaft.

Zur Kategorisierung solchen Verhaltens kann zum Beispiel das von dem Historiker Olaf Blaschke vorgestellte Stufenmodell des Widerstands und der Kollaboration[18] herangezogen werden, wobei auch hier die Vielschichtigkeit der verschiedenen Interessen, Sichtweisen und Wissensstände zu berücksichtigen ist. Besonders über die Handlungsspielräume von Ordensleuten gegenüber ihren Oberen und kirchlichen Institutionen sowie deren eigene Bedrohungslage werden Debatten geführt.[19] Gleichzeitig besteht gerade für den Bereich der Kirchen und Klöster eine besonders große moralische Fallhöhe.

Abb. 29 (folgende Seite) >
„Hungerkost-Erlass"
des Bayerischen Staatsministers
des Inneren, 30. November 1942

Abb. 30
Sogenanntes „Hungerkost-Geschirr"
aus der Heil- und Pflegeanstalt
Kaufbeuren-Irsee, ca. 1942–1945
Eggenthal, Prof. Dr. med. Michael von Cranach

Abschrift.

Nr 5236 a 81

München, den 30. November 42

Der Bayer. Staatsminister des Innern

An
den Herrn Reichsstatthalter in der Westmark
und die Regierungspräsidenten

Betreff: Verpflegung in den Heil- und Pflegeanstalten.
Beilagen: Nebenabdrucke für die Heil- und Pflegeanstalten
des Regierungsbezirkes

   Im Hinblick auf die kriegsbedingten Ernährungsverhältnisse und auf den Gesundheitszustand der arbeitenden Anstaltsinsassen lässt es sich nicht mehr länger verantworten, dass sämtliche Insassen der Heil- und Pflegeanstalten unterschiedslos die gleiche Verpflegung erhalten ohne Rücksicht darauf, ob sie einerseits produktive Arbeit leisten oder in Therapie stehen oder ob sie andererseits lediglich zur Pflege in den Anstalten untergebracht sind, ohne eine nennenswerte nutzbringende Arbeit zu leisten.

   Es wird daher angeordnet, dass mit sofortiger Wirkung sowohl in quantitativer wie in qualitativer Hinsicht diejenigen Insassen der Heil- und Pflegeanstalten, die nutzbringende Arbeit leisten oder in therapeutischer Behandlung stehen, ferner die noch bildungsfähigen Kinder, die Kriegsbeschädigten und die an Alterspsychose Leidenden zu Lasten der übrigen Insassen besser verpflegt werden.

   Auf die am 17.11.1942 bei Staatsministerium des Innern stattgefundene Besprechung mit den Anstaltsdirektoren wird Bezug genommen.

   Die Anstaltsdirektoren haben unverzüglich die entsprechenden Massnahmen zu veranlassen.

       I.A.

     gez. Dr. Schultze

Nr 750 a 44

In Abdruck

   an die Direktion der Heil- und Pflegeanstalt

      M a i n k o f e n

zum sofortigen Vollzug.

    Regensburg, den 14. Dezember 1942
     Der Regierungspräsident

      Im Auftrag
     gez. Unterschrift.

Anmerkungen

1 Koitka 2018, o. S.
2 Vgl. Endlich 2008, S. 21–24.; Kat. Berlin 2008, S. 16–39.; Rossié 2022, S. 364–377.; und Drünkler 2023, o. S.
3 Vgl. Roos o. J. a [1942].; ders. o. J. b.; Solmitz 2013 [1933], S. 170.; Forstner 2015, passim.; und Gailus 2015 a, S. 15f.
4 Nach Schröder 2020, S. 190.
5 Bolschewismus bezeichnet eine politische Richtung des Marxismus bzw. Kommunismus, welcher in der Sowjetunion die Religion unterdrückte. Die demokratieferne Einstellung vieler Stiftsdamen mag in ihrer Biographie begründet gewesen sein: Die meist älteren Damen hatten das Deutsche Kaiserreich als Angehörige gutbürgerlicher oder adeliger Familien erlebt. Vgl. ebd., bes. S. 190f.
6 Vgl. Albert 2004, S. 42–136.; und zu den Vorstößen den Beitrag der Autorin mit dem Titel „Waren die Kirchen und Klöster auch Opfer des Regimes?" in diesem Band.
7 Zitiert nach Heim 2020, S. 170.
8 Vgl. ebd., S. 169f.; Paul 2006.; Forstner 2015, passim.; Tröster 1993, passim.; Pieper 2022 [1937], bes. S. 477.; Bürger 2022, S. 103–122.; und Eisele 2021, passim.
9 Nach Grabe 2004, S. 618.
10 Vgl. ebd., passim.; ebd., bes. S. 577–604.; Peifer 1993, S. 86.; Röw 2015, passim.; Pöpping 2019, S. 15–23.; ebd., S. 57.; ebd., S. 79–83.; und ebd., S. 119–121.
11 Bischöfe 2020, S. 12.
12 Auch in Klöstern wurden Zwangsarbeiter ausgebeutet. Ob die Verantwortung hierbei den Kirchen und Klöstern oblag, ist nicht geklärt. Vgl. Leugers-Scherzberg 2008, passim.; Ilgner 2004, S. 274.; Kaminsky 2011, S. 146–153.; Hummel/Kösters 2008, passim.; ebd., bes. S. 71–74.; und Murken 2005, S. 145–151.
13 Vgl. Gailus 2008 a, passim.; ders. 2008 b, passim.; ders. 2015 b, passim.; und Krausnick, S. 137–139.
14 Vgl. ebd., S. 95–120.; Dietl 2016, passim.; Fings 2017, passim.; und Müller 2012, passim.
15 Prof. Dr. Malte Thießen zitiert nach Schröder 2019, o. S.
16 Eberle 1940. Ed. bei Heuvelmann 2013, S. 156f.
17 Andere klösterliche Einrichtungen und kirchliche Stellen wehren sich teils gegen die Maßnahmen der sogenannten „Euthanasie". Vgl. ebd., passim.; ebd., bes. S. 160–162.; Kirchenbuch 1946; Schröder 2019.; Mader 1992, S. 16–20.; und Friedrich 2011, S. 126–128.
18 Vgl. dazu den Beitrag von Olaf Blaschke in diesem Band.
19 Vgl. dazu den Beitrag von Oliver Arnhold in diesem Band.; Deutsche Bischöfe 2000 [2013], S. 130.; Blaschke 2010, S. 80–88.; Gailus 2015 a, S. 29–31.; und z. B. die Position des Diözesanhistorikers Stephan Janker zum Fall der kirchlichen Betreuung junger Sinti in Mulfingen bei Müller 2012. Darauf, dass die Grenzen zwischen den Kategorien „Opfer" und „Täter" bei der Untersuchung einzelner Quellen verschwimmen und entsprechend Vorsicht bei einer Kategorisierung walten muss, weist u.a. Wagener 1990 insb. auf S. 147 und S. 163 hin.

Andreas Joch
Wie christlich ist der Antisemitismus?

„Die Judenfrage ist aber nicht in erster Linie eine religiöse, sondern eine Rassenfrage. Der Anteil des jüdischen Blutes, das durch unseren Volkskörper rollt, ist sehr viel höher als es die Religionsstatistik zur Erscheinung bringt." [1]

Das Zitat aus dem Jahr 1927 stammt von Otto Dibelius (1880–1967). Als er diese Zeilen schrieb, bekleidete der protestantische Geistliche eine kirchliche Leitungsfunktion in Brandenburg. Offensichtlich fiel es Dibelius leicht, sein Amt und seinen Glauben mit einer von Rassismus und Nationalismus gespeisten Judenfeindschaft zu vereinbaren.[2] Judenfeindschaft – damit sind hier alle historischen Formen der Ablehnung und Stereotypisierung des Judentums gemeint – ist ein jahrtausendealtes und bis heute virulentes Phänomen.

Dibelius selbst verstand sich als Vertreter des Antisemitismus, einer Bewegung, die Judenfeindschaft zu einer pseudowissenschaftlich untermauerten Ideologie weiterentwickelt hatte und die seit den 1880er Jahren die politische Landschaft des Deutschen Kaiserreichs und später der Weimarer Republik mitprägte[3]:

„Ich habe mich trotz des bösen Klanges, den das Wort vielfach angenommen hat, immer als Antisemiten gewusst. Man kann nicht verkennen, dass bei allen zersetzenden Erscheinungen der modernen Zivilisation das Judentum eine führende Rolle spielt." [4]

Diese Einordnung ist entscheidend, da sich die Antisemiten des 19. und 20. Jahrhunderts bewusst von älteren, religiös motivierten und von den christlichen Kirchen getragenen Formen der Judenfeindschaft, die hier unter dem Begriff Antijudaismus zusammengefasst werden, distanzierten. Antisemiten betrachteten das Judentum nicht mehr als Religion, sondern als „Rasse". Christliche Glaubensüberzeugungen sollten für ihre Ablehnung des Judentums keine Rolle mehr spielen.

Was aber bedeutet das für die Leitfrage dieses Aufsatzes? War Dibelius' Doppelrolle als Antisemit und Kirchenvertreter eine Besonderheit? Inwieweit unterschieden sich die judenfeindliche Prägung der Kirchen und die Positionen der Antisemiten tatsächlich? Und wie reagierten die Kirchen auf die zunehmende gesellschaftliche Relevanz des Antisemitismus?

Für ein Verständnis der Rolle der Kirchen und Klöster in der Zeit des Nationalsozialismus ist die Diskussion der historischen Entwicklung des Antijudaismus sowie seiner Abgrenzung vom Antisemitismus zentral. Sie verweist auf einen ideologischen Berührungspunkt zwischen den Kirchen und dem Nationalsozialismus und trägt zum Verständnis der breiten gesellschaftlichen Zustimmung bei, die den Erfolg der Nationalsozialisten in den 1930er Jahren ermöglichte.

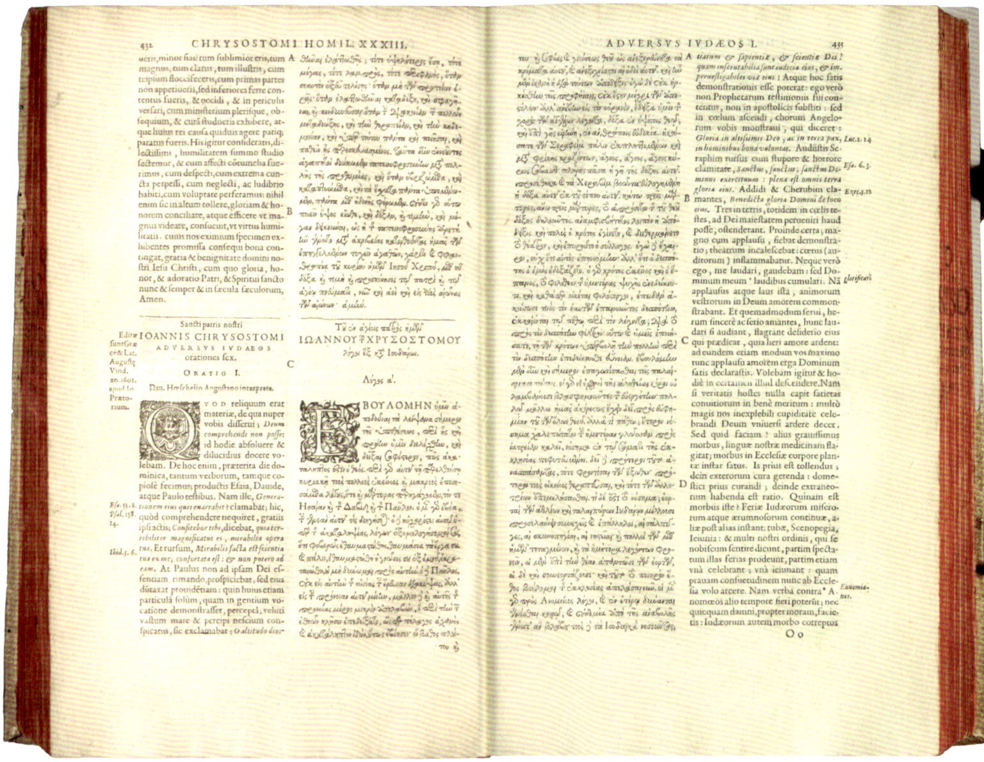

Abb. 31

Johannes Chrysostomos:
Reden gegen die Juden
(lat. *Adversos Judeaos*)
abgedruckt in
einem Sammelband von 1609.
Köln, Universitäts- und Stadtbibliothek
GBIV2649-1

Antijudaismus: Traditionslinien christlicher Judenfeindschaft

Das Verhältnis zwischen Christen und Juden war schon in der Antike angespannt: Im Verlauf des Abgrenzungsprozesses der ersten nachchristlichen Jahrhunderte etablierten frühchristliche Autoren wie beispielsweise Melito von Sardes (gest. um 180 n. Chr.) oder Justin der Märtyrer (ca. 100–165 n. Chr.) in Auseinandersetzung mit den einschlägigen Passagen der Bibel[5] judenfeindliche Glaubenssätze als „integralen Bestandteil"[6] ihrer Religion. Da das Judentum Jesus Christus nicht als Sohn Gottes anerkannte, stellte seine bloße Existenz den Wahrheitsgehalt der christlichen Botschaft in Frage. Radikale Judenfeinde, wie der Prediger Johannes Chrysostomos (ca. 349–407), beschrieben gläubige Juden im Hinblick auf die Leidensgeschichte Jesu gar als böswillige Gottesmörder (Abb. 31).[7]

Ihrer teils hasserfüllten Ablehnung setzte das Neue Testament eine Grenze: Im elften Kapitel des Römerbriefes etwa erscheint ein Teil des jüdischen Volkes, der sich am Ende der Zeit zum Christentum bekehren sollte, als Element des göttlichen Heilsplans.[8] Die Bibel verpflichtete die Christen so zum Schutz der Juden – zumindest zu ihrem Schutz vor Vernichtung oder vollständiger Zwangsbekehrung.[9] Im vierten Jahrhundert erhoben die Herrscher des Römischen Reichs das Christentum sukzessive zur Staatsreligion und machten es so zu einer Säule der weltlichen Macht. Diese Verbindung war für die christlichen Staaten Europas bis weit in die Neuzeit hinein prägend. Die judenfeindlichen Grundüberzeugungen christlicher Geistlicher fanden so Eingang in die politische, rechtliche und gesellschaftliche Praxis. In den feudalen Gesellschaften des Frühmittelalters wurden Juden „zwangsläufig zu Außenseitern", die ihre Existenz in wenigen Nischen, etwa dem ländlichen Kleingewerbe oder dem Geldverleih, sichern mussten.[10]

Während des gesamten Mittelalters variierten die Beziehungen zwischen Juden und Christen je nach Epoche und Region deutlich.[11] Insbesondere seit dem Hochmittelalter aber fand der Antijudaismus immer radikalere Ausdrucksformen. Vermehrt kam es zu Gewaltakten, die sich gegen die gesamte jüdische Bevölkerung richteten.[12] In Anbetracht der Krisen des Spätmittelalters – insbesondere der Pestepidemien des 14. Jahrhunderts – mischten sich zunehmend weltliche Aspekte in die judenfeindlichen Denkmuster.[13] Verschwörungstheorien, wie der Vorwurf, Juden seien als angebliche Brunnenvergifter für die Ausbreitung der Pest verantwortlich, trugen zur Festigung religiös begründeter antijüdischer Vorurteile in breiten Bevölkerungsschichten bei (vgl. auch Abb. 32).[14]

Diese Tendenzen verschärften sich im Zeitalter der Reformation. Immer häufiger richteten die Autoren judenfeindlicher Texte ihren Blick auf die den Juden unterstellten Charaktereigenschaften. In Deutschland argumentierte so auch der Reformator Martin Luther (1483–1546). Am Ende seines Lebens beschrieb Luther, enttäuscht über das Ausbleiben jüdischer Massenbekehrungen, die er sich als Folge der von ihm selbst und anderen vorangetriebenen Erneuerung der christlichen Kirche erhofft hatte, getaufte Juden als größte Gefahr für die Christenheit.[15]

Antisemitismus: Umbruch im 19. Jahrhundert?

Die Antisemiten des 19. Jahrhunderts distanzierten sich bewusst und deutlich von den religiösen Motiven des gerade in der christlichen Bevölkerung verbreiteten judenfeindlichen Denkens. Sie entwickelten ihre Ablehnung des Judentums zu einer Ideologie weiter, die „auf ganzheitliche Weltdeutung, Sinnstiftung und Verarbeitung von Kontingenzerfahrung" abzielte.[16]

Abb. 32
**Glasbild „Frankfurter Judensau",
17. Jahrhundert**
Frankfurt, Historisches Museum, X01628

Vor dem Hintergrund einer von zahlreichen Krisen begleiteten Transformation der Wirtschaft und Gesellschaft des Deutschen Kaiserreichs feierten antisemitische Organisationen in den 1880er Jahren erste Erfolge in der Politik.[17] Ihre Vertreter, wie der Publizist und Gründer der „Antisemitenliga" Wilhelm Marr (1819–1904), knüpften an die vom französischen Schriftsteller Arthur de Gobineau (1816–1882) und in Deutschland insbesondere von Houston Stewart Chamberlain (1855–1927) popularisierte, pseudowissenschaftliche Rassentheorie des 19. Jahrhunderts an. Sie definierten das Judentum als ethnische Gruppe, die sich grundlegend von der „deutschen Mehrheit" unterscheide und darüber hinaus danach trachte, die Kontrolle über Wirtschaft, Politik und Gesellschaft zu übernehmen.[18] Die mit der Gründung des Kaiserreichs 1871 erstmals im gesamten Staatsgebiet garantierte rechtliche Gleichstellung der jüdischen Bevölkerung, die vielen Juden den sozialen Aufstieg ermöglichte, empfanden Antisemiten als besondere Bedrohung. Radikale Antisemiten inszenierten das Judentum gar als zivilisatorischen Gegner, mit dem sich alle Völker in einem Kampf auf Leben und Tod befänden (vgl. Abb. 33). Ihr Hass war keineswegs die „notwendige Folge eines religiösen Konflikts", sondern speiste sich aus einer sozialdarwinistischen Deutung der Weltgeschichte.[19] Dennoch griffen auch die Antisemiten Aspekte religiöser antijüdischer Denkmuster auf, adaptierten und instrumentalisierten sie im Rahmen ihrer eigenen Kampagnen.[20] Damit boten sie auch den Menschen einen ideologischen Anknüpfungspunkt, die mit religiösen antijüdischen Stereotypen aufgewachsen waren.

Antisemitismus und die Kirchen

Die christlichen Kirchen, insbesondere die für die nationalprotestantische Leitkultur des Kaiserreichs zentralen evangelischen Kirchen, trugen die antisemitische Bewegung mit.[21] Der einflussreiche Prediger Adolf Stoecker (1835–1909) etwa war eine prominente Leitfigur in der Formierungsphase der antise-

Abb. 33
Bierkrug mit antisemitischer Propaganda, 1893
Dorsten, Jüdisches Museum Westfalen

mitischen Parteienlandschaft des Kaiserreichs.**22** Stoecker prägte das judenfeindliche Programm der Christlich-Sozialen Partei, als deren Abgeordneter er auch in den Reichstag einzog.**23** Welche Rolle der in den christlichen Kirchen verbreitete Antijudaismus bei der weltanschaulichen Positionierung von Männern wie Stoecker spielte, lässt sich derzeit nicht abschließend beurteilen.**24** Was sich aber zeigen lässt, ist, dass die Generation protestantischer Geistlicher, die die Geschicke der evangelischen Kirchen in der Weimarer Republik und in der Zeit des Nationalsozialismus lenkte, maßgeblich durch Stoeckers Antisemitismus beeinflusst waren.**25** Viele Protestanten versuchten auch nach der „Machtergreifung" der Nationalsozialisten im Jahr 1933, den christlichen Glauben mit dem Nationalsozialismus in Einklang zu bringen. Um die Koexistenz mit dem NS-Regime zu ermöglichen, waren sie bereit, ihre Kirche radikal zu „entjuden".**26**

Auch im katholischen Milieu waren judenfeindliche Einstellungen verbreitet. Neben tradierten theologisch begründeten antijüdischen Ressentiments teilten und verbreiteten katholische Geistliche und Politiker auch die säkularen, anitjüdischen Denkmuster, die für den Antisemitismus prägend waren.**27** Zwar bezog die große Mehrheit der Geistlichen – sowohl der protestantischen als auch der katholischen – früh Stellung gegen den „eliminatorischen Rassenantisemitismus", der ein zentraler Bestandteil der nationalsozialistischen Weltanschauung war. Dies war aber nicht gleichbedeutend mit einer generellen Ablehnung des Antisemitismus.

Schlussbemerkung

Zwei der drei eingangs gestellten Fragen lassen sich also klar beantworten: Otto Dibelius, der als christlicher Geistlicher in den 1920er Jahren öffentlich antisemitische Positionen vertrat, war keine Ausnahme. Judenfeindliche Stereotype hatten sich in den christlichen Kirchen über Jahrhunderte verfestigt. Seit dem 19. Jahrhundert aber gewannen auch für die Mitglieder der beiden großen christlichen Kirchen antisemitische Denkmuster an Bedeutung. Diese Denkmuster ergänzten und erweiterten die kirchlich tradierten Vorstellungen des Antijudaismus. In vielen Fällen lösten sie sie weitgehend ab. Obwohl sich der Antisemitismus als wissenschaftlich basierte und damit nicht religiöse, nicht christliche Weltanschauung verstand, hatte er eine breite, christlich geprägte Trägerschaft. Die Kirchen selbst stellten sich dieser Entwicklung nicht grundsätzlich entgegen: Antisemitismus und christlicher Glaube waren, mit gewissen Einschränkungen, auch für die leitenden Vertreter der Institutionen vereinbar.

Wie verhält es sich aber mit der verbliebenen Frage nach der Unterscheidung von Antisemitismus und Antijudaismus? Der Antisemitismus ist ein epochenspezifisches Phänomen, das klar vom Antijudaismus zu trennen ist. Diese begriffliche Trennung birgt jedoch die Gefahr, den Blick auf die keineswegs geradlinige Entwicklung des Antijudaismus einerseits und auf die komplexe Beziehungsgeschichte der beiden Phänomene andererseits zu verstellen. Auch der im Kern christlich-religiöse Antijudaismus vermischte sich im Lauf der Jahrhunderte mit säkularer, teils protorassistischer Kritik am Judentum. Die Vertreter des Antisemitismus waren ihrerseits keine homogene Gruppe. Viele von ihnen waren darüber hinaus bereit, den religiös geprägten Judenfeinden in der Gesellschaft rhetorisch-argumentative Brücken zu bauen.

Als weltanschaulich gefestigte Judenfeinde, die in letzter Konsequenz zur vollständigen Ausrottung der Juden bereit waren, unterschieden sich die Antisemiten aber ohne Frage von ihren Vorgängern. Von einem „ungebrochenen Fortwirken des christlichen Antijudaismus" ist demnach ebenso wenig auszugehen wie von einem „ewigen Antisemitismus" **28**. Zur Entlastung der christlichen Kirchen mit Blick auf ihre Rolle in der Zeit des Nationalsozialismus taugt diese Feststellung jedoch keineswegs.

Anmerkungen

1 Otto Dibelius, Wochenschau, in: Berliner Evangelisches Sonntagsblatt, 12.6.1927, zitiert nach: Fritz 1998, S. 60.
2 Seine judenfeindlichen Positionen schadeten Dibelius' Karriere, die der Geistliche 1949 mit der Übernahme des Ratsvorsitzes der Evangelischen Kirche in Deutschland beschloss, nicht. Vgl. zu Dibelius' Judenfeindschaft ebd., S. 57–64.
3 Der Aufsatz folgt einer engen Definition des Antisemitismusbegriffes. In der Forschung und in der Presse wird „Antisemitismus" teils als Oberbegriff für sämtliche Formen der Judenfeindschaft verwendet, oft ergänzt um Zuschreibungen wie „modern", „muslimisch" oder „importiert". Hier bezieht sich der Begriff ausschließlich auf die spezifische Form der Judenfeindschaft, die im 19. Jahrhundert als Reaktion auf gesellschaftliche und wirtschaftliche Modernisierungsprozesse entstand und die sich zur entscheidenden Komponente der nationalsozialistischen Weltanschauung entwickelte. Vgl. zur Verwendung der Begriffe Wyrwa 2019, S. 15–18.
4 Zitiert nach Hetzer 2009, S. 164.
5 Vgl. etwa Bibel 2016, 1 Thess 2,14–16.
6 Bergmann 2002, S. 10.
7 In der sechsten seiner 386/387 verfassten acht Reden gegen die Juden schreibt Chrysostomos: „Weil ihr Christus getötet habt, weil ihr gegen den Herrn die Hand erhoben habt, weil ihr sein kostbares Blut vergossen habt, deshalb gibt es für euch keine Besserung mehr, keine Verzeihung und auch keine Entschuldigung." Zitiert nach Ansorge 2017, S. 149.
8 Vgl. Bibel 2016, Röm 11.
9 Diese Verpflichtung bestätigten die Päpste des Mittelalters wiederholt. Vgl. Brechenmacher 2005, S. 20ff.
10 Graus, 1997, S. 38.; ebd.
11 Vgl. etwa Hoffmann 1994, insb. S. 312.
12 Der israelische Historiker Michael Toch spricht davon, dass im 13. Jahrhundert der „Konflikt zur Norm" wird. Toch 2013, S. 33.
13 So wurde etwa die exponierte wirtschaftliche Stellung einiger Juden, die lange als Geldgeber christlicher Herrscher einen gewissen Schutz genossen hatten, zunehmend zum Angriffspunkt.
14 Zum verschwörungstheoretischen Vorwurf der Brunnenvergiftung im Kontext eines vermeintlichen jüdischen Machtstrebens vgl. Heil 2006, S. 287–293. Heil geht auch auf die Reaktion der Kurie ein: Papst Clemens VI. (amt. 1342–1352) versuchte, die Gewaltexzesse gegen Juden als Folge des Vergiftungsvorwurfs durch einen eigenen Erlass einzudämmen.
15 Zu Luthers Antijudaismus vgl. Lobenstein-Reichmann 2017.
16 Gräfe 2019, S. 48.; ebd.
17 Zur Diskussion über die Verbindung zwischen Wirtschaftsentwicklung und Antisemitismus vgl. Albrecht 2012, passim.
18 Vgl. Marr 1879. Marr ging davon aus, dass die Juden im Kaiserreich ihr Ziel bereits erreicht hatten.
19 Wyrwa 2019, S. 19.; ebd.
20 Vgl. Botsch/Treß, 2020, S. 124.
21 Zur unterschiedlichen judenfeindlichen Prägung von Protestanten und Katholiken vgl. beispielhaft Gailus 2011; und Blaschke 1997.
22 Zu Stoeckers Antisemitismus vgl. Scheib 2021, S. 37ff.
23 Neben der Christlich-Sozialen Partei machten beispielsweise auch die Deutschsoziale Partei und die Deutsche Reformpartei den Antisemitismus zum Kernbestandteil ihres politischen Programms.
24 Es gibt Hinweise darauf, dass im protestantischen Milieu vormoderne, antijüdische Denkmuster für die Offenheit der Geistlichen für den Antisemitismus nicht entscheidend waren. Vgl. hierzu die Beiträge in Oelke/Kraus u. a. 2016.
25 Beispielhaft sei auf den württembergischen Landesbischof Theophil Wurm (1868–1953) verwiesen, der 1938 in einem Brief schrieb, dass er schon immer das „Urteil von Männern wie Heinrich von Treitschke und Adolf Stöcker über die zersetzende Wirkung des Judentums […] für zutreffend" gehalten hatte. Zitiert nach Hermle 1990, S. 198.
26 Vgl. beispielhaft die Geschichte des Eisenacher „Entjudungsinstituts" bei Arnhold 2020.
27 Vgl. Blaschke 2020, S. 175–177.
28 Gräfe 2019, S. 57 […] und ebd.

Sonja Rakoczy
Vergeben und Vergessen?

„Unsere Führung hat uns belogen und betrogen und es ist haarsträubend was alles vorgekommen ist, wovon wir nichts geahnt haben!"[1] – distanzierte sich die Oberin des Klosters Barsinghausen, Carla von Berckefeldt (1869–1947), nach Ende des Zweiten Weltkriegs von der nationalsozialistischen Reichsführung. Zuvor war sie 1937 selbst in die Nationalsozialistische Deutsche Arbeiterpartei (NSDAP) eingetreten: „[u]nser Glaube und unsere Hoffnung steht [sic] zu ihm"[2], vermerkte sie in der Klosterchronik über Reichskanzler Adolf Hitler (1889–1945).[3]

Nach der bedingungslosen Kapitulation Deutschlands 1945 ist eine generelle Abgrenzung der Kirchen und Klöster vom Nationalsozialismus (NS) zu beobachten. Während sich Einzelne wie Oberin von Berckefeldt als Unwissende sahen, ging mit der institutionellen Aufarbeitung der Rolle der Kirchen und Klöster im Nationalsozialismus ein recht einseitig ausgeprägtes Selbstverständnis der kirchlichen Akteure als Gegner und Opfer des NS-Regimes einher – jedenfalls zunächst.[4]

In Anbetracht erster eigener „Bestandsaufnahmen" in Kirchenkreisen ist dies nicht verwunderlich: So gaben zum Beispiel tausende katholische Priester in 1945 begonnenen Befragungen an, Opfer von Gewaltmaßnahmen des NS-Regimes gewesen zu sein. Einen maßgeblichen Teil dieser Dokumentation von NS-Gewalt gegen Priester stieß Michael Kardinal von Faulhaber (1869–1952) mit dem Ziel an, die Position des Klerus im Widerstand herauszustellen. Dass solcher im NS-Staat überhaupt nur durch die Kirche ernstlich und öffentlich betrieben worden wäre, behauptete der Rat der Evangelischen Kirche 1946 in einer Eingabe an die amerikanische Militärregierung für Deutschland.[5] Bis heute zeichnen manche Kirchenhistoriker und -mitglieder das Bild einer angeblichen Unvereinbarkeit von Kirche und Nationalsozialismus sowie das eines „Kirchenkampfs" zur NS-Zeit, aus dem die katholische Kirche sogar als „Siegerin in Trümmern"[6] herausgegangen sei.[7]

Täterhilfe?

Auf die empfundene Rechtschaffenheit der Kirchen- und Ordensleute vertrauten die Siegermächte, die sich um die „Entnazifizierung" Deutschlands bemühten: Ehemalige Nationalsozialisten sollten erkannt und bestraft, und die deutsche Gesellschaft sollte von nationalsozialistischen Einflüssen „gesäubert" werden. Über die Beurteilung von Einzelpersonen entschieden die Besatzer mit Hilfe von Befragungen. Dabei fielen entlastende Erklärungen, sogenannte „Persilscheine" (Abb. 34), besonders ins Gewicht, wenn sie von mutmaßlich vertrauenswürdigen Personen verfasst wurden. So konnte beispielsweise der von der Nationalsozialistischen Deutschen Arbeiterpartei (NSDAP) eingesetzte Bürgermeister der Stadt Dorsten mithilfe günstiger Aussagen von einem Klostervorsteher und einer -oberin des Ortes die Einstufung „entlastet" erreichen.[8] Gegen eine kirchliche Beteiligung an der „Entnazifizierung" und damit gegen das Vorgehen der Alliierten wandte sich der Landesbischof Theophil Wurm (1868–1953), Ratsvorsitzender der neu gegründeten Evangelischen Kirche in Deutschland: Die Reinigungsaktion hielt er für den Ausdruck eines Vergeltungsdenkens, vor dem die Kirche warnen sollte.[9]

Bescheinigung.

Der Unterzeichnete hatte seit dem August 1939 als Guardian des Dorstener philosophisch-theologischen Studienhauses der Franziskaner die Pflicht und die Möglichkeit, viel mit unserem Herrn Amtsbürgermeister Dr. Gronover zu verhandeln und zu verkehren.

Gern bescheinige ich hiermit, dass Herr Dr. Gronover seine Amtstätigkeit gegenüber unserem Kloster in diesen Jahren nie auch nur irgendwie von nationalsozialistischem Geiste hat tragen lassen.

Er hat vielmehr öfter unserem Kloster offensichtliches Wohlwollen bekundet.

Ja, Herr Dr. Gronover hat mir mehrere Male rechtzeitig Winke gegeben, wenn von der Partei unserem Kloster Gefahren drohten, so dass ich mit Erfolg die notwendigen Abwehrmassnahmen treffen konnte.

Schliesslich bin ich auch überzeugt, dass der vielbemerkte massvolle Charakter der Dorstener Partei auch auf den stets mässigenden Einfluss von Herrn Dr. Gronover zurückzuführen ist.

Dorsten, den 2. XI. 1946.

Abb. 34
Bescheinigung zur Entnazifizierung (sogenannter „Persilschein") für Dr. Josef Gronover (1890–1963), ausgestellt von P. Raymundus Dreiling (1879–1956)
Landesarchiv NRW – Abteilung Rheinland – I LAV NRW NW 1039-G Nr. 1866

Abb. 35
Karte
der sogenannten „Klosterlinie"

Wie bei den dennoch abgefassten „Persilscheinen" ist auch bei Ausweisen, die kirchliche Institutionen in den Wirren der Nachkriegszeit ausstellten oder auszustellen halfen, die Richtigkeit der Dokumente zu hinterfragen: Die Kirchen verhalfen NS-Verbrechern zu neuen Papieren und falschen Namen – unwissentlich und wissentlich. Viele Täter nutzten die sogenannte „Klosterlinie" (Abb. 35) zur Flucht aus Deutschland, und fanden auf dieser Route in den Süden Zuflucht in Klöstern im deutschsprachigen politischen „Niemandsland" Südtirol. Im Franziskanerkloster Bozen konnte sich so der an Geiselerschießungen beteiligte Kriegsverbrecher Erich Priebke (1913–2013) verstecken. Er wurde schließlich ein zweites Mal christlich getauft und entkam mit einem neuen Namen nach Argentinien. Dazu verhalf ihm und anderen der Bischof Alois Hudal (1885–1963)[10], ein katholischer NS-Sympathisant in Rom.[11] Ob eine ähnliche ideologische Nähe, der seelsorgerische Auftrag oder doch eher die Geschichtsvergessenheit der Zeit die Rechtsschutzstelle des Evangelischen Hilfswerks bewegte, die in ihren Augen „angebliche[n] Kriegsverbrecher"[12] im Gewahrsam ausländischer Mächte zu verteidigen, ist fraglich.[13]

Aufarbeitung

Die kritische Aufarbeitung der NS-Zeit setzte bei den Kirchen wie in der deutschen Gesamtgesellschaft erst mit den 1960er Jahren ein, wobei bald ein Schwerpunkt auf dem Antisemitismus lag.[14] Die sogenannte „Judenfürbitte" im Karfreitagsgebet war in den Augen einiger Ordens- und Kirchenvertreter schon vor 1933 erneuerungsbedürftig: Darin wurde dafür gebetet, dass die „treulosen" Juden „erhellt" und Jesus als Messias anerkennen würden. Seit 1956 kam es zu mehreren liturgischen Veränderungen. Katholiken beten nun für die Juden als das erste von Gott erwählte Volk – solange sie nicht von stark kritisierten, päpstlichen Ausnahmeregelungen Gebrauch machen.[15] Der Aufarbeitung kirchlichen Verhaltens im Angesicht der Judenverfolgung soll zudem die Öffnung des ehemaligen „Vatikanischen Geheimarchivs" dienen, durch die seit 2020 die Akten zu Papst Pius XII. (amt. 1939–1958) von Forscherinnen und Forschern eingesehen werden können.[16]

Schuld und Vergebung

Die Auseinandersetzung mit der Frage nach eigener Schuld begann für die Kirchen dagegen schon 1945. In einem Hirtenbrief gestanden die deutschen katholischen Bischöfe ein: „Viele Deutsche, auch aus unseren Reihen [...], sind bei den Verbrechen [...] gleichgültig geblieben; [...] viele sind selber Verbrecher geworden"[17]. Die evangelischen Kirchen Deutschlands gaben ihre Mitschuld am Leid anderer Länder und Völker in der „Stuttgarter Schulderklärung" (Abb. 36) zu.[18] 20 Jahre nachdem Papst Johannes Paul II. (amt. 1978–2005) im Heiligen Jahr 2000 allgemein historische Schuld der Christen vor Gott bekannt hatte, gipfelte dieser schrittweise Prozess in einem Eingeständnis der Deutschen Bischofskonferenz: „[D]ie katholische Kirche in Deutschland [war] Teil der Kriegsgesellschaft."[19] Es findet auch eine Auseinandersetzung mit der Verantwortung gegenüber verschiedenen Opfergruppen statt. Zu einer Mitschuld an der nationalsozialistischen Verfolgung Homosexueller etwa äußerte sich die Evangelische Kirche in Berlin-Brandenburg-schlesische Oberlausitz bereits 1991, die katholische Deutsche Bischofskonferenz nun 2023.[20]

Schuld ist im christlichen Kontext mit Vergebung konnotiert. Wenn der ehemalige SS-Obergruppenführer Oswald Pohl (1892–1951) in seiner Biographie angeblich vor seiner Hinrichtung den „Weg zu Gott"[21] findet und, anders als in seinem Gerichtsverfahren, erstmals eine eigene Schuld äußert, stellt sich die Frage: Brachte die Gefängnis-Seelsorge dem für Vernichtungsaktionen Verurteilten nicht „billige Vergebung"[22]?

„Schuld für endlose Leiden"

Evangelische Kirche bekennt Deutschlands Kriegsschuld

Zum ersten Male haben führende Männer der deutschen evangelischen Kirche Deutschlands Kriegsschuld bekannt, von gemeinsamer Schuld für endlose Leiden gesprochen und von dem Mangel an mutigem Widerstand durch die Kirche gegen das Nai-Regime.

Dieses Bekenntnis wurde in einer einstimmigen Erklärung durch den Rat der deutschen evangelischen Kirche niedergelegt, der am 18. und 19. Oktober in Stuttgart seine Sitzung abhielt. Sie wurde von allen Anwesenden unterzeichnet, darunter von dem Präsidenten Bischof Wurm, dem Vizepräsidenten Dr. Martin Niemöller sowie von Bischof Dibel, Dr. Hans Liljen, Dr. Smend und Dr. Asmussen.

Die Erklärung

Diese Erklärung hat folgenden Wortlaut: „Der Rat der evangelischen Kirche in Deutschland begrüßt bei seiner Sitzung am 18. Oktober 1945 in Stuttgart Vertreter des ökumenischen Rates der Kirchen. Wir sind für diesen Besuch umso dankbarer, als wir uns mit unserem Volk nicht nur in einer großen Gemeinschaft leiden wissen, sondern auch in einer Solidarität der Schuld. Mit großem Schmerz sagen wir: Durch uns ist unendliches Leid über viele Völker und Länder gebracht worden. Was wir unseren Gemeinden oft bezeugt haben, das sprechen wir jetzt im Namen der ganzen Kirche aus. Wohl haben wir lange Jahre hindurch im Namen Jesu Christi gegen den Geist gekämpft, der im nationalsozialistischen Gewaltregiment seinen furchtbaren Ausdruck gefunden hat, aber wir klagen uns an, daß wir nicht mutiger bekannt, nicht treuer gebetet, nicht fröhlicher geglaubt und nicht brennender geliebt haben.

Nun soll in unseren Kirchen ein neuer Anfang gemacht werden. Gegründet auf die Heilige Schrift, mit ganzem Ernst ausgerichtet auf den alleinigen Herrn der Kirche gehen sie daran, sich von fremden Glaubenseinflüssen zu reinigen und sich selber zu ordnen. Wir hoffen zu dem Gott der Gnade und Barmherzigkeit, daß er unsere Kirchen als sein Werkzeug gebrauchen und ihnen Vollmacht geben wird, sein Wort zu verkünden und seinem Willen Gehorsam zu schaffen bei uns selbst und bei unserem ganzen Volk.

Daß wir uns bei diesem neuen Anfang mit den anderen Kirchen der ökumenischen Gemeinschaft

mer (Holland), Dr. A. Kochlin (Schweiz), Dr. Cavera, Dr. Michefelder, Pfarrer S. Herman (USA).

Es war dies das erste Mal, daß die Vertreter fremder Kirchen in amtlicher Eigenschaft nach Deutschland gekommen waren und daß eine Diskussion darüber stattfand, wie die fremden Kirchen der deutschen evangelischen Kirche in ihren gegenwärtigen Nöten und Schwierigkeiten helfen könnten. Die Abordnung lud den Rat ein, im Februar Vertreter an den vorläufigen Ausschuß des Weltkirchenrates in Genf zu entsenden.

Die Einladung wurde angenommen, und Bischof Wurm und Dr. Martin Niemöller wurden als Abgesandte ernannt.

Abb. 36
Erste Pressestimme zum Stuttgarter Schuldbekenntnis im Kieler Kurier, 27. Oktober 1945
Stuttgart, Landeskirchliches Archiv

Eine andere Motivation als die Angstreue schien jedenfalls der evangelische Theologe Martin Niemöller (1892–1984) zu haben, der nach seiner eigenen Inhaftierung in einem Konzentrationslager bedauerte, nicht früher gegen den Nationalsozialismus eingestanden zu sein: Er hoffte auf Vergebung als eine Liebesgabe Gottes.[23]

An das Thema Vergebung gab es auch im kirchlich-institutionellen Kontext unterschiedliche Herangehensweisen: Die Bischöfe aus dem vom NS-Deutschland überfallenen Polen wandten sich 1965 mit der Einladung zu einem Jubiläum der Kirchen in Polen an ihre deutschen Amtsbrüder. Damit verbanden sie den Aufruf zum Versuch, das vergangene Leid zu vergessen. Ohne die Deutschen kollektiv zu verurteilen, machten sie ihnen ein Angebot: „In diesem allerchristlichen und zugleich sehr menschlichen Geist strecken wir unsere Hände zu Ihnen hin [...], gewähren Vergebung und bitten um Vergebung." [24] Die Antwort der deutschen Bischöfe erkannte die deutsche Schuld gegenüber den Polen an, setzte jedoch die Vergebungsbitte an Gott derjenigen an ihre polnischen Amtsbrüder voraus:

„Eine Aufrechnung von Schuld und Unrecht [...] kann uns freilich nicht weiterhelfen [...] Alles menschliche Unrecht ist zunächst eine Schuld vor Gott, und Verzeihung muß zunächst von ihm erbeten werden. [...] Dann dürfen wir also auch ehrlichen Herzens um Verzeihung bei unseren Nachbarn bitten. So bitten auch wir zu vergessen, ja, wir bitten zu verzeihen." [25]

Schon innerhalb des Christentums gibt es also unterschiedliche Auffassungen von Vergebung. Diese setzen sich im interreligiösen Bereich fort; zum Beispiel hat Vergebung von Schuld im besonders von den NS-Verbrechen betroffenen Judentum andere Bedingungen als im Christentum.[26]

Schlussbemerkung

Während die Frage nach Vergebung eine persönliche und religiöse ist, ist die nach dem bisherigen und heutigen Verhalten der Kirchen als immer noch einflussreiche Institutionen auch eine soziale und politische. Es bleibt zu hoffen, dass Bischof Heiner Wilmer Recht behält, wenn er aus Anlass des bischöflichen Schuldeingeständnisses von 2020 sagt: „Die kritische Auseinandersetzung mit der Vergangenheit schärft unseren Blick für die Gegenwart." [27]

Anmerkungen

1 So ihr Eintrag in die Chronik des Klosters (Barsinghausen, Klosterarchiv ebd., Klosterchronik, Bd. 1, unpag.), zitiert nach Schröder 2020, S. 193. Beachtlicherweise hielt Oberin von Berckefeldt schon 1944 fest, dass Wahrheit und Unwahrheit für sie durch die NS-Propaganda und das Verbot des Abhörens ausländischer Radiosendungen schwer zu erkennen waren. Vgl. ebd., S. 192f.
2 Ebd., S. 192.
3 Vgl. ebd., S. 192f.
4 Vgl. Bendel-Maidl/Bendel 2004, S. 245.; Blaschke 2020, S. 191.; und ebd., S. 228.
5 Vgl. ebd., S. 103.; ebd., S. 130.; ebd., S. 191–193.; ebd., S. 227f.; Hehl 1984, insb. S. XXVII.; ebd., S. XXXVII.; ebd., S. XLII.; und Evangelische Kirche 1946, S. 118. Zum heutigen Stand zu Kirchen und Klöstern auf der Seite der Opfer des Regimes bzw. des Widerstands gegen dasselbe vgl. den Beitrag der Autorin mit dem Titel „Waren die Kirchen und Klöster auch Opfer des Regimes?" sowie den Beitrag von Olaf Blaschke in diesem Band.
6 Köhler/Melis 1998.
7 Vgl. z. B. Hehl 1984, S. LVIIIf.; und Zipfel 1965. S. auch Blaschke 2020, passim.; bes. ebd., S. 135f.; ebd., S. 241–246.; und Reck 2002, S. 218–220.
8 Vgl. Stegemann 1986 a.: Der Bürgermeister Dr. Josef Gronover setzte sich in der Zeit des Klostersturms (vgl. dazu den Beitrag der Autorin mit dem Titel „Waren die Kirchen und Klöster auch Opfer des Regimes?" in diesem Band.) erfolgreich für den Erhalt der Dorstener Klöster ein, hielt aber auch „markig[e] Reden [...] im NS-Geiste" (Stegemann 1986 a, S. 148.). Gronover selbst verteidigte sich als getarnten Oppositionellen.
9 Vgl. ebd.; ders. 1986 b.; Thierfelder 1992, S. 6.; Pöpping/Grothe 2013, o. S.; Köhler 2004, S. 143f.; Bohr 2019, S. 62–66.; und Vollnhals 1989, S. 55–57.
10 Vgl. Blaschke 2020, S. 236.; und Steinacher 2008, S. 166–178.
11 Vgl. ebd., passim.; Blaschke 2020, S. 236–238.; Bachhofer/Achi 2002, S. 24–34.; und Strack 2020.
12 Zentralbüro 1950, S. 105.
13 Vgl. ebd., S. 105–112.; Blaschke 2020, S. 236–238.; Bachhofer/Achi 2002, S. 35–55.; Bohr 2019, S. 59–61.; und Bendel-Maidl/Bendel 2004, S. 245. Vgl. auch zur Interniertenbetreuung der Caritas Bohr 2019, S. 75–78.; sowie zur Ethik und Logik des kirchlichen Einsatzes im juristischen Feld Leiner 2022, bes. S. 174f.
14 Vgl. Bendel-Maidl/Bendel 2004, S. 245.; ebd., S. 259.; und Hummel 2009, S. 229–234.
15 Vgl. Wolf 2009, S. 95–143.; und Blaschke 2020, S. 225.
16 Vgl. dazu den Beitrag von Hubert Wolf in diesem Band.; ZEIT 2019.; SPIEGEL 2022.; und Blaschke 2020, S. 121.
17 Nach ebd., S. 233.
18 Vgl. Bendel-Maidl/Bendel 2004, S. 246–251.; Denzler/Fabricius 1984, S. 199–201.; ebd., S. 206–207.; Köhler 2004, S. 147f.; Blaschke 2020, S. 233f.; und Hummel 2009, S. 219f.
19 Bischöfe 2020, S. 12.
20 Vgl. ebd.; Leugers-Scherzberg 2008, passim.; Denzler/Fabricius 1984, S. 199–205.; ebd., S. 207–211.; Blaschke 2020, S. 233–235.; Bendel-Maidl/Bendel 2004, S. 246–269.; Köhler, S. 25.; ebd., S. 143–149.; Ilgner 2004, S. 272–277.; kirche 1991.; und Bischofskonferenz/Spangenberg 2023.
21 Pohl 1950, Titel.
22 Leiner 2022, S. 172.
23 Vgl. ebd., passim.; Pohl 1950, passim.; Kellenbach 2005, S. 179–194.; Kellenbach 2007, passim.; und Niemöller 1946, S. 19–24.
24 Polnische Bischöfe 1965, S. 16.
25 Zitiert nach Bendel-Maidl/Bendel 2004, S. 255. Vgl. ebd., S. 251–255.; und Kellenbach 2005, S. 179–194.
26 Vgl. z.B. Blumenthal 2012.
27 Wilmer 2020, S. 4.

gegen. Bescheinige ich hiermit, daß
Herr über unseren Küster in einer
nationalsozialistischen Gebiete hat
er hat vielmehr über unseren K[...]
[...]ert.

Ja, Herr Dr. Groneuer hat mir [...]
[...] von der Partei unseren Klost[...]
[...]folg die notwendigen Abwehrmassnah[...]

Schließlich bin ich auch überz[...]
[...] der Dorstener Partei auch
Herrn Dr. Groneuer zwischen ihnen [...]

Dorsten, den 2. XI. 1946.

Anhang

ΕΒΟΥΛΟΜΗΝ ὑμῖν ἀ-
ποδοῦναι τὰ λείψανα τῆς με-
τῆς προτέρας, περὶ ἧς τὰ
πρῴην ὑμῖν διελέχθην, καὶ
δεῖξαι σαφέστερον, πῶς ἀκα-
τάληπτός ἐστιν ὁ θεός. περὶ γὰρ αὐτοῦ τῇ προτέρᾳ
κεφαλῇ τοὺς πολλοὺς ἐκείνους καὶ μακροὺς ἐποιη-
σάμεθα λόγους, ὅτε καὶ μάρτυρας παρηγάγομεν, τόν τε
Ἡσαΐαν καὶ τὸν Δαβὶδ καὶ τὸν Παῦλον. ὁ μὲν γὰρ ἔλεγε,
τὴν γενεὰν αὐτοῦ τίς διηγήσεται; ὁ δὲ πυκάζει αὐτὸν
ἀπὸ τῆς ἀκαταληψίας, λέγων· ἐξομολογήσομαί σοι
ὅτι φοβερῶς ἐθαυμαστώθης, θαυμάσια τὰ ἔργα σου·
καὶ πάλιν, ἐθαυμαστώθη ἡ γνῶσίς σου ἐξ ἐμοῦ, ἐκρα-
ταιώθη, οὐ μὴ δύνωμαι πρὸς αὐτήν. ὁ δὲ Παῦλος
οὐκ εἰς αὐτὸν τὸν αἰτίας τῶν ἐρευνᾶν δυσκίψας, ἀλλ'

Quellen- und Literaturverzeichnis

Ackermann 1970
Josef Ackermann: Himmler als Ideologe, Göttingen 1970.

Albert 2004
Marcel Albert: Die Benediktinerabtei Maria Laach und der Nationalsozialismus, Paderborn 2004.

Albrecht 2012
Henning Albrecht: Preußen, ein „Judenstaat". Antisemitismus als konservative Strategie gegen die „Neue Ära" – Zur Krisentheorie der Moderne, in: Geschichte und Gesellschaft 37 (2012), S. 455–481.

Ansorge 2017
Dirk Ansorge: Kleine Geschichte der christlichen Theologie. Epochen, Denker, Weichenstellungen, Regensburg 2017.

Arnhold 2020
Oliver Arnhold: „Entjudung" von Theologie und Kirche. Das Eisenacher „Institut zur Erforschung und Beseitigung des jüdischen Einflusses auf das deutsche kirchliche Leben" 1939–1945 (= Christentum und Zeitgeschichte 6), Leipzig 2020.

Bachhofer/Achi 2002
Ulrike Bachhofer/Angela Achi: Pragmatischer Umgang mit der Vergangenheit? Kirche und Fluchthilfe, in: Rainer Bendel (Hg.): Kirche der Sünder – sündige Kirche? Beispiele für den Umgang mit Schuld nach 1945 (Beiträge zu Theologie, Kirche und Gesellschaft im 20. Jh. 1), Münster 2002, S. 19–60.

Bärsch 1998
Claus-Ekkehard Bärsch: Die politische Religion des Nationalsozialismus: Die religiöse Dimension der NS-Ideologie in den Schriften von Dietrich Eckart, Joseph Goebbels, Alfred Rosenberg und Adolf Hitler, München 1998.

Baumann 2005
Schaul Baumann: Die Deutsche Glaubensbewegung und ihr Gründer Jakob Wilhelm Hauer (1881–1962), Marburg 2005.

Beck 2022
Hermann Beck: Before the Holocaust: Antisemitic Violence and the Reaction of German Elites and Institutions during the Nazi Takeover, Oxford 2022.

Becker 1966
Alois Becker: Schreiben an Generalvikar Joseph Teutsch in Köln vom 16.3.1966, in: Koblenz, Landeshauptarchiv Koblenz, 700, 151//57.

Bendel-Maidl/Bendel 2004
Lydia Bendel-Maidl/Rainer Bendel: Schlaglichter auf den Umgang der deutschen Bischöfe mit der nationalsozialistischen Vergangenheit, in: Ders. (Hg.): Die katholische Schuld? Katholizismus im Dritten Reich – Zwischen Arrangement und Widerstand (= Wissenschaftliche Paperbacks 14), Münster 2., durchges. Aufl.2004, S. 245–271.

Benz 2000
Wolfgang Benz: Geschichte des Dritten Reiches, München 2000.

Bergmann 2002
Werner Bergmann: Geschichte des Antisemitismus, München 2002.

Bethge 1963
Eberhardt Bethge: Adam von Trott und der deutsche Widerstand, in: Vierteljahrshefte für Zeitgeschichte 11 (1963), S. 213–223.

Bibel 2016
(Erz-)bischöfe Deutschlands, Österreichs, der Schweiz u. a. (Hg.): Einheitsübersetzung der Heiligen Schrift, Stuttgart 2016, https://www.bibleserver.com/EU/, letzter Zugriff: 6.2.2024.

Bischöfe 1937
Die bayerischen Bischöfe: Kundgebung der bayerischen Bischöfe zu den neuen Sittlichkeitsprozessen 1937, in: München, Archiv des Erzbistums München und Freising, Sittlichkeitsprozesse. BSB, BB001/1, R3951, 1937, https://dfg-viewer.de/show?tx_dlf%5Bdouble%5D=0&tx_dlf%5Bid%5D=https%3A%2F%2Fdigitales-archiv.erzbistum-muenchen.de%2Factaproweb%2Fmets%3Fid%3DRep_e183754d-4de8-47f0-adf2-36dcc35b2477_mets_actapro.xml&tx_dlf%5Bpage%5D=31&cHash=d953e0efd20cf1b6054e234210efa9ab, letzter Zugriff: 14.10.2023.

Bischöfe 2000 [2013]
Sekretariat der Deutschen Bischofskonferenz (Hg.): Gerechter Friede (= Die deutschen Bischöfe 66), Bonn 42000 [Erstausg. 2013], https://www.dbk-shop.de/media/files_public/aa854b8461836b577d6a6d8d6d7278f6/DBK_1166.pdf, letzter Zugriff: 30.1.2024.

Bischöfe 2020
Sekretariat der Deutschen Bischofskonferenz (Hg.): Deutsche Bischöfe im Weltkrieg. Wort zum Ende des Zweiten Weltkriegs vor 75 Jahren (= Die deutschen Bischöfe 107), Bonn 2020.

Bischofskonferenz/Spangenberg 2023
Deutsche Bischofskonferenz/Cordula Spangenberg: Weihbischof Schepers: „Die Kirche muss sich gegen homophobe Vorurteile einsetzen", in: Bistum Essen, Stand: 27.1.2023, https://www.bistum-essen.de/pressemenue/artikel/weihbischof-schepers-die-kirche-muss-sich-gegen-homophobe-vorurteile-einsetzen, letzter Zugriff: 25.10.2023.

Blaschke 1997
Olaf Blaschke: Katholizismus und Antisemitismus im deutschen Kaiserreich (= Kritische Studien zur Geschichtswissenschaft 122), Göttingen 1997.

Blaschke 2010
Olaf Blaschke: Stufen des Widerstandes – Stufen der Kollaboration, in: Andreas Henkelmann/Nicole Priesching (Hg.): Widerstand? Forschungsperspektiven auf das Verhältnis von Katholizismus und Nationalsozialismus (= theologie.geschichte Beiheft 2), Saarbrücken 2010, S. 63–88.

Blaschke 2014
Olaf Blaschke: Die Kirchen und der Nationalsozialismus, Stuttgart 2014.

Blaschke 2020
Olaf Blaschke: Die Kirchen und der Nationalsozialismus. Sonderausgabe für die Bundeszentrale für politische Bildung, Bonn 2020.

Blaschke/Großbölting 2020
Olaf Blaschke /Thomas Großbölting (Hg.): Was glaubten die Deutschen zwischen 1933 und 1945? Religion und Politik im Nationalsozialismus, Frankfurt a. M. 2020.

Blumenthal 2012
David R. Blumenthal: Umkehr und Vergebung, in: Jewish-Christian Relations, Stand: 30.9.2012, https://www.jcrelations.net/de/artikelansicht/umkehr-und-vergebung.pdf, letzter Zugriff: 30.1.2024.

Böckenförde 2002
Ernst-Wolfgang Böckenförde: Der deutsche Katholizismus im Jahre 1933. Eine kritische Betrachtung, in: Rainer Bendel (Hg.): Die katholische Schuld? Katholizismus im Dritten Reich zwischen Arrangement und Widerstand (Wissenschaftliche Paperbacks 14), Münster 2002, S. 195–223.

Bohr 2019
Felix Bohr: Die Kriegsverbrecherlobby. Bundesdeutsche Hilfe für im Ausland inhaftierte NS-Täter, Bonn 2019.

Bormann 1941
Martin Bormann: Rundschreiben betreffend das „Verhältnis von Nationalsozialismus und Christentum" vom 9. Juni 1941, in: Koblenz, Bundesarchiv, NS 6/336.

Botsch/Treß 2020
Gideon Botsch/Werner Treß: Moderner Antisemitismus und Sattelzeit. Das Beispiel Paul de Lagarde, in: Heike Behlmer/Thomas L. Gertzen u. a. (Hg.): Der Nachlass Paul de Lagarde. Orientalische Netzwerke und Antisemitische Verflechtungen (= Europäisch-jüdische Studien – Beiträge 46), Oldenbourg 2020, S. 111–126.

Boyens 1983
Armin Boyens: Widerstand der Evangelischen Kirche im Dritten Reich, in: Karl Dietrich Bracher/Manfred Funke u. a. (Hg.): Nationalsozialistische Diktatur 1933–1945. Eine Bilanz, Bonn 1983, S. 669–686.

Bracher 1964
Karl Dietrich Bracher: Die Auflösung der Weimarer Republik: eine Studie zum Problem des Machtverfalls in der Demokratie (= Schriften des Instituts für Politische Wissenschaft 4), Villingen 1964.

Brebeck/Huismann u. a. 2011
Wulff E. Brebeck/Frank Huismann u. a. (Hg.): Endzeitkämpfer (= Schriftenreihe des Kreismuseums Wewelsburg 8), Berlin/München 2011.

Brechenmacher 2005
Thomas Brechenmacher: Der Vatikan und die Juden. Geschichte einer unheiligen Beziehung vom 16. Jahrhundert bis zur Gegenwart, München 2005.

Brechenmacher 2008
Thomas Brechenmacher: Katholische Kirche und Judenverfolgung, in: bistum-erfurt.de, Stand: 2008, https://www.bistum-erfurt.de/fileadmin/Redakteure/Archiv/upload/2008/thomas_brechenmacher_katholische_kirche_und_judenverfolgung.pdf, letzter Zugriff: 15.10.2023.

Brodesser 1996
Gisela Brodesser: Dr. phil. Maria Brigitte Hilberling O.P., in: Michael Kißener (Hg.): Widerstand gegen die Judenverfolgung. Konstanz 1996, S.105–126.

Broszat 1986
Martin Broszat: Nach Hitler. Der schwierige Umgang mit unserer Geschichte, München 1986.

Bundestag 2023
Deutscher Bundestag: Beschlussempfehlung und Bericht (Drucksache 20/7111), in: Deutscher Bundestag (Hg.), Stand: 6.6.2023, https://dserver.bundestag.de/btd/20/071/2007111.pdf, letzter Zugriff: 15.10.2023.

Bürger 2022
Peter Bürger: „Wir Nationalsozialisten sind alle Lichtträger", in: Ders./Werner Neuhaus (Ed.): Am Anfang war der Hass. Der Weg des katholischen Priesters und Nationalsozialisten Lorenz Pieper (1875–1951) (Teil 1), Schmallenberg 2022, S. 19–144.

Büttner 2008
Ursula Büttner: Weimar. Die überforderte Republik 1918–1933. Leistung und Versagen in Staat, Gesellschaft, Wirtschaft und Kultur, Stuttgart 2008.

Cornwell 1999
John Cornwell: Hitler's Pope. The secret history of Pius XII, London 1999.

Denzler/Fabricius 1984
Georg Denzler/Volker Fabricius: Die Kirchen im Dritten Reich, Bd. 1: Christen und Nazis Hand in Hand?, Frankfurt a. M. 1984.

Deschner 1982
Karlheinz Deschner: Ein Jahrhundert Heilsgeschichte. Die Politik der Päpste im Zeitalter der Weltkriege. Von Leo XIII. 1878 bis Pius XI. 1939, Köln 1982.

Deutsche Bischöfe 1968 [1933]
O. V.: Kundgebung der deutschen Bischöfe über die nationalsozialistische Bewegung vom 28.03.1933, in: Bernhard Stasiewski (Ed.): Akten deutscher Bischöfe über die Lage der Kirche 1933–1945, Bd. 1: 1933–1934 (= Veröffentlichungen der Kommission für Zeitgeschichte A 5), Mainz 1968 [Erstausg. 1933].

Deutsche Bischöfe 1985 [1943]
Deutsche Bischofskonferenz: Dekalog-Hirtenbrief, Fulda 19. August 1943, in: Ludwig Volk (Ed.): Akten deutscher Bischöfe über die Lage der Kirche 1933–1945, Bd. 6: 1943–1945 (= Veröffentlichungen der Kommission für Zeitgeschichte A 38), Mainz 1985 [Erstausg. 1943], S. 197–205.

Dietl 2016
Stefan Dietl: Die katholische Kirche und der Massenmord an den europäischen Sinti und Roma, in: regensburg-digital, Stand: 10.8.2016, https://www.regensburg-digital.de/die-katholische-kirche-und-der-massenmord-an-den-europaeischen-sinti-und-roma/10082016/, letzter Zugriff: 27.10.2023.

Drünkler 2023
Mareike S. Drünkler: Debatte um Nazi-Symbole in Martin-Luther-Gedächtniskirche, in: B. Z., Stand: 17.4.2023, https://www.bz-berlin.de/berlin/tempelhof-schoeneberg/debatte-um-nazi-symbole-in-martin-luther-gedaechtniskirche, letzter Zugriff: 27.10.2023.

Eberle 1940
Franz X. Eberle/Bischöfliches Ordinariat Augsburg: Verhaltungsmassregeln für die Schwestern, Augsburg 31.12.1940, in: Augsburg, Kongregationsarchiv der Kongregation der Barmherzigen Schwestern vom Hl. Vinzenz von Paul, Mutterhaus Augsburg, BSAugA, 9.2.7.01.

Eisele 2021
Willi Eisele: Zwischen Ordensregel und politischer Gefolgschaft: Abt Alban Schachleiter OSB (1861–1937), Berlin 2021.

Endlich 2008
Stefanie Endlich: „Christenkreuz und Hakenkreuz". Eine Ausstellung zu Kirchenbau und sakraler Kunst im Nationalsozialismus, in: GedenkstättenRundbrief Nr. 146 (12/2008), S. 19–25.

Erzbischöfliches Ordinariat 1931
Erzbischöfliches Ordinariat München und Freising (Hg.): Pastorale Anweisung, für den Klerus bestimmt: Nationalsozialismus und Seelsorge, in: Amtsblatt für die Erzdiözese München und Freising, Beilage Nr. 4 (1931), o. S.

Evangelische Kirche 1989 [1946]
Rat der Evangelischen Kirche: Betr. Gesetz zur Befreiung von Nationalsozialismus und Militarismus, vom 26.04.1946, in: Clemens Vollnhals (Ed.): Entnazifizierung und Selbstreinigung im Urteil der evangelischen Kirche. Dokumente und Reflexionen 1945–1949 (Studienbücher zur kirchlichen Zeitgeschichte 8), München 1989 [Original 1946], S. 118–123.

Evans 1999
Richard J. Evans: Fakten und Fiktionen. Über die Grundlagen historischer Erkenntnis, Frankfurt a. M./New York 1999.

Fings 2017
Karola Fings: Ein nicht erhörter Hilferuf, in: romArchive, Stand: 2017, https://www.romarchive.eu/de/collection/die-jeder-menschlichkeit-hohn-spricht/, letzter Zugriff: 27.10.2023.

Fleckenstein 2009
Gisela Fleckenstein: Klöster und Ordensgemeinschaften in den Krisen des 19. und 20. Jahrhunderts, in: Ordensnachrichten 48 (2009), S. 47–66.

Forstner 2015
Thomas Forstner: Braune Priester – Katholische Geistliche im Spannungsfeld von Katholizismus und Nationalsozialismus, in: Manfred Gailus (Hg.): Täter und Komplizen in Theologie und Kirchen 1933–1945, Göttingen 2015, S. 113–139.

Forstner 2021
Thomas Forstner: Sittlichkeitsprozesse (NS-Zeit), in: Historisches Lexikon Bayerns, Stand: 15.12.2021, https://www.historisches-lexikon-bayerns.de/Lexikon/Sittlichkeitsprozesse_(NS-Zeit), letzter Zugriff: 14.10.2023.

Friedrich 2011
Norbert Friedrich: Zwangssterilisation und „Euthanasie" – das nationalsozialistische Ideologem vom „unwerten Leben" und die Kirchen, in: Thomas Brechenmacher/Harry Oelke (Hg.): Die Kirchen und die Verbrechen im nationalsozialistischen Staat (Dachauer Symposien zur Zeitgeschichte 11), Göttingen 2011, S. 125–143.

Fritz 1998
Hartmut Fritz: Otto Dibelius. Ein Kirchenmann in der Zeit zwischen Monarchie und Diktatur, Göttingen 1998.

Gailus 2008 a
Manfred Gailus: Kirchenbücher, Ariernachweise und kirchliche Beihilfen zur Judenverfolgung. Zur Einleitung, in: Ders. (Hg.): Kirchliche Amtshilfe und die Judenverfolgung im „Dritten Reich", Göttingen 2008, S. 7–26.

Gailus 2008 b
Manfred Gailus: „Hier werden täglich drei, vier Fälle einer nichtarischen Abstammung aufgedeckt". Pfarrer Karl Themel und die Kirchenbuchstelle Alt-Berlin, in: Ders. (Hg.): Kirchliche Amtshilfe und die Judenverfolgung im „Dritten Reich", Göttingen 2008, S. 82–100.

Gailus 2010
Manfred Gailus: Protestantismus und Nationalismus in der Kriegs- und Zwischenkriegszeit 1914–1945, in: Berndt Hamm/Harry Oelke u. a. (Hg.): Spielräume des Handelns und der Erinnerung. Die Evangelisch-Lutherische Kirche in Bayern und der Nationalsozialismus, Göttingen 2010, S. 19–41.

Gailus 2011
Manfred Gailus: Keine gute Performance. Die deutschen Protestanten im „Dritten Reich", in: Ders. (Hg.): Zerstrittene Volksgemeinschaft. Glaube, Konfession und Religion im Nationalsozialismus, Göttingen 2011, S. 96–121.

Gailus 2015 a
Manfred Gailus: Täter und Komplizen in Theologie und Kirchen, 1933 bis 1945, in: Ders. (Hg.): Täter und Komplizen in Theologie und Kirchen 1933–1945, Göttingen 2015, S. 15–31.

Gailus 2015 b
Manfred Gailus: Karl Themel – ein Berliner Pfarrer als Sippenforscher im „Dritten Reich", in: Ders. (Hg.): Täter und Komplizen in Theologie und Kirchen 1933–1945, Göttingen 2015, S. 197–215.

Gailus 2021
Manfred Gailus: Gläubige Zeiten. Religiosität im Dritten Reich, Freiburg i. B. 2021.

Gailus/Vollnhals 2013
Manfred Gailus/Clemens Vollnhals (Hg.): Mit Herz und Verstand – Protestantische Frauen im Widerstand gegen die NS-Rassenpolitik, Göttingen 2013.

Garbe 1994
Detlef Garbe: Der lila Winkel, in: Dachauer Hefte 10 (1994), S. 3–31.

Gerl-Falkovitz 2013
Hanna-Barbara Gerl-Falkovitz: Art. Stein, Edith, in: Stolberg-Wernigerode, Otto zu (Hg.): Neue deutsche Biographie Bd. 25, Berlin 2013, Sp. 140–143.

Glocken 1952
Ausschuss für die Rückführung der Glocken (Hg.): Das Schicksal der deutschen Kirchenglocken, Hannover 1952.

Goebbels 1987 [1937]
Joseph Goebbels: Tagebucheintrag vom 29. April 1937, in: Elke Fröhlich (Ed.): Die Tagebücher von Joseph Goebbels. Sämtliche Fragmente Teil 1, Bd. 3, München/New York u. a. 1987 [Original 1937], S. 127f.

Gotto/Hockerts u. a. 1983
Klaus Gotto/Hans Günter Hockerts: Nationalsozialistische Herausforderung und kirchliche Antwort. Eine Bilanz, in: Karl Dietrich Bracher/Manfred Funke u. a. (Hg.): Nationalsozialistische Diktatur 1933–1945. Eine Bilanz, Bonn 1983, S. 655–668.

Grabe 2004
Irmfried Grabe: Theologe zwischen den Weltkriegen: Hermann Wolfgang Beyer (1898–1942), Frankfurt a. M. 2004.

Gräfe 2019
Thomas Gräfe: Antisemitismus im deutschen Kaiserreich. Stereotypenmuster, Aktionsformen und die aktuelle Relevanz eines „klassischen" Forschungsgegenstandes, in: Sozial.Geschichte Online 25, S. 45–80, Stand: 10.9.2019, https://doi.org/10.17185/duepublico/70545, letzter Zugriff: 30.01.2024.

Graus 1997
František Graus: Judenfeindschaft im Mittelalter, in: Wolfgang Benz/Werner Bergmann (Hg.): Vorurteil und Völkermord. Entwicklungslinien des Antisemitismus, Freiburg i. B./Basel u. a. 1997, S. 35–60.

Grevelhörster 2015
Ludger Grevelhörster: Kleine Geschichte der Weimarer Republik 1918–1933: ein problemgeschichtlicher Überblick, Münster 2015.

Haffner 1963
Sebastian Haffner: Der Papst, der schwieg, in: Der Stern (7. April 1963), S. 6f.

Hehl 1984
Ulrich von Hehl (Bearb.): Priester unter Hitlers Terror. Eine biographische und statistische Erhebung (= Veröffentlichungen der Kommission für Zeitgeschichte A 37), Mainz 1984.

Heil 2006
Johannes Heil: „Gottesfeind" – „Menschenfeinde". Die Vorstellung von jüdischer Weltverschwörung (13. bis 16. Jahrhundert) (= Antisemitismus: Geschichte und Strukturen 3), Essen 2006.

Heim 2020
Bernd Heim: Roms neuer Mann in Paderborn: ein Erzbischof für die Nazis?, in: Josef Meyer zu Schlochtern/Johannes W. Vutz (Hg.): Lorenz Jaeger. Ein Erzbischof in der Zeit des Nationalsozialismus, Münster 2020, S. 161–246.

Hermle 1990
Siegfried Hermle: Die Evangelische Kirche und das Judentum nach 1945. Eine Verhältnisbestimmung anhand von drei Beispielen: Hilfe für Judenchristen, theologische Aufarbeitung, offizielle Verlautbarungen, in: Werner Bergmann/Rainer Erb (Hg.): Antisemitismus in der politischen Kultur nach 1945, Opladen 1990, S. 197–217.

Hermle/Oelke 2019
Siegfried Hermle/Harry Oelke (Hg.): Kirchliche Zeitgeschichte_evangelisch, Bd. 1: Protestantismus und Weimarer Republik (1933–1945) (= Christentum und Zeitgeschichte 5), Leipzig 2019.

Hermle/Oelke 2020
Siegfried Hermle/Harry Oelke (Hg.): Kirchliche Zeitgeschichte_evangelisch, Bd. 2: Protestantismus und Nationalsozialismus (1933–1945) (= Christentum und Zeitgeschichte 7), Leipzig 2020.

Hermle/Thierfelder 2008
Siegfried Hermle/Jörg Thierfelder: Herausgefordert. Dokumente zur Geschichte der Evangelischen Kirche in der Zeit des Nationalsozialismus, Stuttgart 2008.

Hesemann 2004
Michael Hesemann: Hitlers Religion. Die fatale Heilslehre des Nationalsozialismus, München 2004.

Hetzer 2009
Tanja Hetzer: „Deutsche Stunde". Volksgemeinschaft und Antisemitismus in der politischen Theologie von Paul Althaus (= Beiträge zur Geschichtswissenschaft), München 2009.

Heuvelmann 2013
Magdalena Heuvelmann: „Wer in Gottesferne lebt, ist im Stande, jeden Kranken wegzuräumen." „Geistliche Quellen" zu den NS-Krankenmorden in der Heil- und Pflegeanstalt Irsee, Irsee 2013.

Hildebrand 2003
Klaus Hildebrand: Das Dritte Reich, München 6., neubearb. Aufl.2003, S. 15.

Himmler 1937
Heinrich Himmler: O. T. vom 18. Januar 1937, in: München, Archiv des Instituts für Zeitgeschichte, Akte FA 45.

Hinkel 2018
Sascha Hinkel: Gefangen zwischen bischöflichen Amtsverständnis und staatskirchenrechtlichen Überzeugungen. Adolf Kardinal Bertram 1859–1945, in: Maria Anna Zumholz/Michael Hirschfeld (Hg.): Zwischen Seelsorge und Politik: katholische Bischöfe in der NS-Zeit, Münster 2018, S. 52–75.

Hitler 1933
Adolf Hitler: Rundfunkansprache zu den evangelischen Kirchenwahlen am 23. Juli 1933, in: Frankfurt a. M., Deutsches Rundfunkarchiv, K000735128.

Hochhuth 2021 [1961]
Rolf Hochhuth, Der Stellvertreter. Ein christliches Trauerspiel, Hamburg Erw. Neuausg. 2021 [Erstausg. 1961].

Hockerts 1971
Hans Günther Hockerts: Die Sittlichkeitsprozesse gegen katholische Ordensangehörige und Priester 1936/1937, Mainz 1971.

Hoffmann 1994
Christhard Hoffmann: Christlicher Antijudaismus und moderner Antisemitismus. Zusammenhänge und Differenzen als Problem der historischen Antisemitismusforschung, in: Leonore Siegele-Wenschkewitz (Hg.): Christlicher Antijudaismus und Antisemitismus. Theologische und kirchliche Programme Deutscher Christen (= Arnoldshainer Texte 85), Frankfurt a. M. 1994, S. 293–317.

Huener 2021
Jonathan Huener: The Polish Catholic Church under German Occupation. The Reichsgau Wartheland 1939–1945, Bloomington 2021.

Hummel 2009
Karl-Joseph Hummel: Umgang mit der Vergangenheit: Die Schulddiskussion, in: Ders./Michael Kißener (Hg.): Die Katholiken und das Dritte Reich. Kontroversen und Debatten, Paderborn 2009, S. 217–235.

Hummel/Kösters 2008
Karl-Joseph Hummel/Christoph Kösters (Hg.): Zwangsarbeit und katholische Kirche 1939–1945 (Veröffentlichungen der Kommission für Zeitgeschichte B 110), Paderborn 2008.

Hürten 1992
Heinz Hürten: Deutsche Katholiken 1918–1945, Paderborn u. a. 1992.

Ilgner 2004
Rainer Ilgner: Der Entschädigungsfonds und der Versöhnungsfonds der katholischen Kirche, in: Rainer Bendel (Hg.): Die katholische Schuld? Katholizismus im Dritten Reich – Zwischen Arrangement und Widerstand (= Wissenschaftliche Paperbacks 14), Münster 2., durchges. Aufl.2004, S. 272–280.

Kaminsky 2011
Uwe Kaminsky: Die Kirchen und ihre Zwangsarbeiter – verdrängte Schuld und Aufarbeitung, in: Thomas Brechenmacher/Harry Oelke (Hg.): Die Kirchen und die Verbrechen im nationalsozialistischen Staat (Dachauer Symposien zur Zeitgeschichte 11), Göttingen 2011, S. 144–161.

Kampling 2010
Rainer Kampling: „Antijudaismus", in: Wolfgang Benz (Hg.): Handbuch des Antisemitismus. Judenfeindschaft in Geschichte und Gegenwart, Bd. 3: Begriffe, Theorien, Ideologien, Berlin/New York 2010, S. 10–13.

Kat. Berlin 2008
Stefanie Endlich/Monica Geyler-von Bernus u. a. (Hg.): Christenkreuz und Hakenkreuz. Kirchenbau und sakrale Kunst im Nationalsozialismus, Berlin 2008.

Kat. Frankfurt 2021
Benedikt Burkhard/Anne Gemeinhardt u. a. (Hg.): Eine Stadt macht mit. Frankfurt und der NS. Ausstellung im Historischen Museum Frankfurt (1.12.2021–11.9.2022), Frankfurt a. M. 2021.

Kat. Regensburg 2009
Philippe Chenaux/Giovanni Morello u. a. (Hg.): Opus Iustitiae Pax. Eugenio Pacelli – Pius XII. (1876–1958) – Ausstellungen Berlin, Schloss Charlottenburg (22.1.–7.3.2009), München, Karmeliterbau (17.3.–3.5.2009), Regensburg 2009.

Kellenbach 2005
Katharina von Kellenbach: Christliche Vergebungsdiskurse im Kontext von NS-Verbrechen, in: Lucia Scherzberg (Hg.): Theologie und Vergangenheitsbewältigung: eine kritische Bestandsaufnahme im interdisziplinären Vergleich, Paderborn/München u. a. 2005, S. 179–195.

Kellenbach 2007
Katharina von Kellenbach: Die Rede von Schuld und Vergebung als Täterschutz (Vortrag), in: Evangelischer Arbeitskreis Kirche und Israel in Hessen und Nassau, Stand: November 2007, http://www.imdialog.org/md2008/01/06.html, letzter Zugriff: 25.10.2023.

kirche 1991
o. N.: Erklärung zur Gewalt gegen Homosexuelle, in: die kirche 32 (1991), bei: Kirchengemeinde am Friedrichsheim, o. D., https://www.kirchengemeinde-am-friedrichshain.de/file/1125085, letzter Zugriff: 2.6.2023.

Kirchenbuch 1946
Kirchenbuch der Gemeinde Marsberg. Einträge 1891–1946, in: Marsberg, Evangelische Kirchengemeinde.

Kißener 2009
Michael Kißener: Katholiken im Dritten Reich. Eine historische Einführung, in: Ders./Karl-Joseph Hummel (Hg.): Die Katholiken und das Dritte Reich. Kontroversen und Debatten, Paderborn 2009, S. 13–59.

Köhler 2004
Joachim Köhler: Der deutsche Katholizismus zwischen Widerspruch zur nationalsozialistischen Ideologie und nationaler Loyalität, in: Rainer Bendel (Hg.): Die katholische Schuld? Katholizismus im Dritten Reich – Zwischen Arrangement und Widerstand (= Wissenschaftliche Paperbacks 14), Münster 2., durchges. Aufl.2004, S. 143–176.

Köhler/Melis 1998
Joachim Köhler/Damian van Melis (Hg.): Siegerin in Trümmern. Die Rolle der katholischen Kirche in der deutschen Nachkriegsgesellschaft, Stuttgart/Berlin u. a. 1998.

Koitka 2018
Christoph Koitka: Vom Führerkult zum Versöhnungsauftrag. Berliner Martin-Luther-Gedächtniskirche von NS-Symbolik geprägt, in: Domradio.de, Stand: 30.1.2018, https://www.domradio.de/artikel/berliner-martin-luther-gedaechtniskirche-von-ns-symbolik-gepraegt, letzter Zugriff: 27.10.2023.

Kösters 2009
Christoph Kösters: Katholiken im Dritten Reich: eine wissenschafts- und forschungsgeschichtliche Einführung, in: Karl-Joseph Hummel/Michael Kißener (Hg.): Die Katholiken und das Dritte Reich. Kontroversen und Debatten, Paderborn 2009, S. 37–60.

Krausnick 1995
Michail Krausnick: Wo sind sie hingekommen? Der unterschlagene Völkermord an Sinti und Roma, Gerlingen 1995.

Lammers 1940
Hans Heinrich Lammers: an Gauleiter Wilhelm Mutt in Stuttgart, in: Berlin, Bundesarchiv Berlin, R 43 II/165a, Bl. 74f., https://invenio.bundesarchiv.de/invenio/direktlink/0c663b1a-5fd4-46a9-ab96-4c15ee5dd167/, letzter Zugriff: 25.1.2024.

Langenfeld 1997
Michael Felix Langenfeld: Nationalsozialistischer Klostersturm in Westfalen. Die Vertreibung der Vinnenberger Benediktinerinnen durch die Gestapo 1941, in: Westfälische Zeitschrift 147 (1997), S. 191–220.

Lapide 1967
Pinchas E. Lapide: Rom und die Juden, Freiburg i. B. u. a. 1967.

Lehnert 1983
Pascalina Lehnert: Ich durfte ihm dienen: Erinnerungen an Papst Pius XII., Würzburg 1983.

Leiner 2022
Martin Leiner: Schuld, Vergebung, Versöhnung. Gedanken zur Seelsorge an NS-Tätern, in: Nicholas J. Williams/Christoph Picker (Hg.): Die Kirche und die Täter nach 1945 (= Veröffentlichungen des Instituts für Europäische Geschichte Mainz 136), Göttingen 2022, S. 167–180.

Leugers-Scherzberg 2008
August H. Leugers-Scherzberg: Katholische Kirche, Zwangsarbeiter und die Entdeckung des „kooperativen Antagonismus" in der „nationalsozialistischen Kriegsgesellschaft", in: Zeitschrift für Theologie und Kulturgeschichte, Stand: 2008, https://theologie-geschichte.de/ojs2/index.php/tg/article/view/515/554, letzter Zugriff: 27.10.2023.

Lewy 1965
Guenter Lewy: Die Katholische Kirche und das Dritte Reich, München 1965.

Lobenstein-Reichmann 2017
Anja Lobenstein-Reichmann: „Wer Christum nicht erkennen will, den las man fahren". Luthers Antijudaismus, in: Norbert R. Wolf (Hg.): Martin Luther und die deutsche Sprache, Heidelberg 2017, S. 147–165.

Longerich 2015
Peter Longerich: Hitler. Biographie, München 2015.

Mader 1992
Ernst T. Mader: Das erzwungene Sterben von Patienten der Heil- und Pflegeanstalt Kaufbeuren-Irsee zwischen 1940 und 1945 nach Dokumenten und Berichten von Augenzeugen, Blöcktach 41992.

Mann 1958
Golo Mann: Deutsche Geschichte 1919–1945, Frankfurt a. M. 1958.

Marr 1879
Wilhelm Marr: Der Sieg des Judenthums über das Germanenthum. Vom nicht confessionellen Standpunkt aus betrachtet, Bern 1879.

Mayer 2006 [1930]
Phillipp Jakob Mayer: Schreiben an die Gauleitung der Nationalsozialistischen Deutschen Arbeiterpartei des Gaues Hessen-Darmstadt über die Gründe für das Verbot der Parteizugehörigkeit für Katholiken vom 30.9.1930, in: Hubert Gruber (Ed.): Katholische Kirche und Nationalsozialismus 1930–1945. Ein Bericht in Quellen, Paderborn 2006 [Original 1930], S. 2–4.

Meinecke 1946
Friedrich Meinecke: Die deutsche Katastrophe. Betrachtungen und Erinnerungen, Wiesbaden 1946.

Mertens 2006
Annette Mertens: Himmlers Klostersturm. Der Angriff auf katholische Einrichtungen im Zweiten Weltkrieg und die Wiedergutmachung nach 1945, Paderborn 2006.

Mommsen 1989
Hans Mommsen: Die verspielte Freiheit. Der Weg der Republik von Weimar in den Untergang. 1918 bis 1933, Berlin 1989.

Müller 2012
Diana Müller: „Der Pfarrer und die Schwestern konnten nichts tun". Diözesanhistoriker Stephan Janker hat die Deportation von Sinti-Kindern aus der St. Josefspflege in Mulfingen aufgeklärt, in: Katholisches Sonntagsblatt 22 (2012), S. 18f.

Murken 2005
Jens Murken: Zwangsarbeit in der westfälischen Kirche 1939–1945 als Gegenstand historischer Forschung und Bildungsarbeit, in: Bernd Hey (Hg.): Kirche in der Kriegszeit. 1939–1945 (Beiträge zur Westfälischen Kirchengeschichte 28), Bielefeld 2005, S. 139–166.

Neuhäusler 1946
Johannes Neuhäusler: Kreuz und Hakenkreuz. Der Kampf des Nationalsozialismus gegen die katholische Kirche und der kirchliche Widerstand, München 1946.

Niemöller 1946
Martin Niemöller: Ach Gott vom Himmel sieh darein. Sechs Predigten, München 1946.

Nolzen 2020
Armin Nolzen: Der Bund Deutscher Mädel (BDM) als „Glaubensgemeinschaft". Zur Entwicklung einer nationalsozialistischen Jugendorganisation nach 1933, in: Blaschke/Großbölting 2020, S. 161–177.

Oelke/Kraus u. a. 2016
Harry Oelke/Wolfgang Kraus u. a. (Hg.): Martin Luthers „Judenschriften". Die Rezeption im 19. und 20. Jahrhundert (Arbeiten zur Kirchlichen Zeitgeschichte B 64), Göttingen 2016.

Papen/Pacelli 1933
Franz von Papen/Eugenio Pacelli: Konkordat zwischen dem Heiligen Stuhl und dem Deutschen Reich, in: Deutsches Reichsgesetzblatt Teil 2, 38 (18.9.1933), S. 679–690, https://www.bmi.bund.de/SharedDocs/downloads/DE/veroeffentlichungen/themen/heimat-integration/staat-religion/Bund1_Kathol_Kirche.pdf?__blob=publicationFile&v=2, letzter Zugriff: 1.2.2024.

Paul 2006
Gerold Paul: Sagen, wie es war. arche-Vortrag über St. Peter und Paul zur Nazizeit, in: Tagesspiegel/Potsdamer Neuste Nachrichten, Stand: 5.1.2006, https://www.tagesspiegel.de/potsdam/potsdam-kultur/sagen-wie-es-war-7676515.html, letzter Zugriff: 27.10.2023.

Peifer 1993
Rudolf Peifer: Den Menschen ein Angebot. Erinnerungen eines Seelsorgers, Köln/Graz/u. a. 1993.

Peukert 1997
Detlev Peukert: Die Weimarer Republik: Krisenjahre der klassischen Moderne (Moderne deutsche Geschichte 9), Darmstadt 1997.

Pieper 2022 [1937]
Lorenz Pieper: Brieftagebuch, in: Peter Bürger/Werner Neuhaus (Ed.): Am Anfang war der Hass. Der Weg des katholischen Priesters und Nationalsozialisten Lorenz Pieper (1875–1951) (Teil 1). Schmallenberg 2022 [Original 1937], S. 413–484.

Pius XI. 1937
Pius XI.: Enzyklika „Mit brennender Sorge" an die Erzbischöfe und Bischöfe Deutschlands und die anderen Oberhirten [...] über die Lage der katholischen Kirche im Deutschen Reich vom 14.03.1937, in: Libreria Editrice Vaticana (Hg.), auch ob https://www.vatican.va/content/pius-xi/de/encyclicals/documents/hf_p-xi_enc_14031937_mit-brennender-sorge.html, letzter Zugriff: 15.1.2024.

Pius XII. 1943
Pius XII.: Nuntius Radiophonicus a Summo Pontifice Die XXIV Mensis Decembris A. MCMXMT, in pervigilio nativitatis D. N. Iesu Christi, Universo Orbi Datus, in: Palazzo Apostolico – Cittf del Vaticano (Hg.): Acta Apostolicae Sedes 35 (1943), S. 9–24.

Pius XII. 1954 [1943]
Pius XII.: Die Grundelemente des Gemeinschaftslebens (Nuntius Radiophonicus a Summo Pontifice Die XXIV Mensis Decembris A. MCMXMT, in pervigilio nativitatis D. N. Iesu Christi, Universo Orbi Datus). Übersetzt ins Deutsche, in: Arthur-Fridolin Utz/Joseph-Fulko Groner (Hg.): Aufbau und Entfaltung des gesellschaftlichen Lebens. Soziale Summe Pius XII. Bd. 1, Freiburg i. Üe. ²1954 [Original 1943], S. 98–119.

Pius XII. 1966 [1941]
Pius XII.: Pius XII. an Matthias Ehrenfried, 20.2.1941, in: Pierre Blet u. a. (Hg.): Lettres de Pie XII aux Évêques Allemands 1939–1944 (= Actes et Documents du Saint Sičge relatifs f la Seconde Guerre Mondiale 66, 2), Vatikanstadt 1966 [Original 1941], S. 200–203.

Pohl 1950
Oswald Pohl: Credo. Mein Weg zu Gott, Landshut 1950.

Polnische Bischöfe 1965
Polnische Bischöfe: Botschaft der polnischen Bischöfe an ihre deutschen Brüder im Christi Hirtenamt, in: Köln, Historisches Archiv des Erzbistums Köln, CR III 352, https://ome-lexikon.uni-oldenburg.de/begriffe/briefwechsel-der-polnischen-und-deutschen-bischoefe, letzter Zugriff: 31.1.2024.

Pöpping 2019
Dagmar Pöpping: Passion und Vernichtung. Kriegspfarrer an der Ostfront 1941–1945, Göttingen 2019.

Pöpping/Grothe 2013
Dagmar Pöpping/Solveig Grothe: Kirche und Kriegsverbrechen. Der Sündenfall des Nazi-Pfarrers. in: SPIEGEL Geschichte, Stand: 11.2.2013, https://www.spiegel.de/geschichte/kirche-und-kriegsverbrechen-der-suendenfall-des-pfarrers-walter-hoff-a-951034.html, letzter Zugriff: 18.10.2023.

Preysing 1937
Konrad von Preysing: Schreiben an Josef Goebbels vom 27.5.1937, in: Ordinariat der Erzdiözese München und Freising (Hg.): Betreff: Sittlichkeitsprozesse, in: München, Archiv des Erzbistums München und Freising, BB001/1, R3951, 1937, https://dfg-viewer.de/show?id=9&tx_dlf%5Bid%5D=https%3A%2F%2Fdigitales-archiv.erzbistum-muenchen.de%2Factaproweb%2Fmets%3Fid%3DRep_e183754d-4de8-47f0-adf2-36dcc35b2477_mets_actapro.xml&tx_dlf%5Bpage%5D=10, letzter Zugriff: 1.2.2024.

Preysing 1981 [1938]
Konrad von Preysing: Schreiben an Kardinal Bertram vom 26. Oktober 1938, in: Ludwig Volk (Ed.): Akten deutscher Bischöfe über die Lage der Kirche 1933–1945, Bd. 4: 1936–1939 (= Veröffentlichungen der Kommission für Zeitgeschichte A 30), Mainz 1981 [Original 1938], S. 360f.

Rapp 1981
Petra M. Rapp: Die Devisenprozesse gegen katholische Ordensangehörige und Geistliche im Dritten Reich, Bonn 1981.

Raupp/Smolinsky 2017
Werner Raupp/Heribert Smolinsky: Art. Nationalsozialismus und Kirche, in: Walter Kasper u. a. (Hg.): Lexikon für Theologie und Kirche Bd. 7, Freiburg i. B. 3. durchges. Aufl., Sonderausg.2017, Sp. 657–661.

Reck 2022
Norbert Reck: „...verfolge ich die Schuld der Väter an den Söhnen, an der dritten und vierten Generation" (Ex 20,5), in: Ders./Björn Krondorfer u. a. (Hg.): Mit Blick auf die Täter – Fragen an die deutsche Theologie nach 1945, Darmstadt 2022, S. 187–250.

Repgen 1977
Konrad Repgen: Konkordat für Ermächtigungsgesetz? Gegen eine Hypothese von einem Tauschgeschäft zwischen Hitler und dem Vatikan, in: Frankfurter Allgemeine Zeitung Nr. 247 (1977), S. 10f.

Rieke-Benninghaus 2019
Hermann Rieke-Benninghaus: August Benninghaus SJ, Norderstedt 2019.

Roos o. J. a [1942]
Günther Roos: Tagebucheintrag vom 20.4.1942, in: Jugend! Deutschland 1918–1945, o. D. [Original 1942], https://jugend1918-1945.de/portal/archiv/thema.aspx?bereich=archiv&root=8873&id=9979&redir, letzter Zugriff: 27.10.2023.

Roos o. J. b
Günther Roos: o. T. [Elternhaus und Religion], in: Jugend! Deutschland 1918–1945, o. D., https://jugend1918-1945.de/portal/jugend/material_video/4138/16924/16926/Roos_006_x264.mp4 und https://jugend1918-1945.de/portal/jugend/material_video/4138/16924/16926/Roos_007_x264.mp4, letzter Zugriff: 27.10.2023.

Rossié 2022
Beate Rossié: Kirchenbau in Berlin 1933–1945. Architektur – Kunst – Umgestaltung, Berlin 2022.

Röw 2015
Martin Röw: Militärseelsorge unter dem Hakenkreuz. Katholische Kriegspfarrer 1939–1945, in: Peter Brüger (Hg.): „Es droht eine schwarze Wolke". Katholische Kirche und Zweiter Weltkrieg (Bd. 1), o. O. 2015, S. 85–107.

Saal 1993
Friedrich Wilhelm Saal: „Zwischen sämtlichen Stühlen." Eine kirchenhistorische und kanonistische Fallstudie zum KZ-Tod des Paderborner Priesters Friedrich Karl Petersen, in: Ulrich Wagener (Hg.): Das Erzbistum Paderborn in der Zeit des Nationalsozialismus, Paderborn 1993, S. 113–182.

Sax 2023 [2014]
Monika Sax: Die Zeugen Jehovas, in: WDR (Hg.): planet wissen, Stand: 22.9.2023 [Erstaug. 2014], https://www.planet-wissen.de/kultur/religion/jenseits_der_traditionellen_kirchen/pwiediezeugenjehovas100.html#Koerperschaftsstreit-, letzter Zugriff: 1.2.2024.

Scheib 2021
Imke Scheib: Christlicher Antisemitismus im Deutschen Kaiserreich. Adolf Stoecker im Spiegel der zeitgenössischen Kritik (= Arbeiten zur Kirchen- und Theologiegeschichte), Leipzig 2021.

Schellen 2022
Petra Schellen: „80 Prozent haben kollaboriert". Historiker über Pastoren in der NS-Zeit [Interview mit Helge-Fabien Hertz], in: taz (Hg.), Stand: 15.4.2022, https://taz.de/Historiker-ueber-Pastoren-in-der-NS-Zeit/!5842595/, letzter Zugriff: 14.2.2024.

Scherf 2018
Rebecca Scherf: Evangelische Kirche und Konzentrationslager (1933–1945) (= Arbeiten zur Kirchlichen Zeitgeschichte 71 B), Göttingen 2018.

Scherner 2018
Jonas Scherner: Lernen und Lernversagen. Die „Metallmobilisierung" im Deutschen Reich 1939 bis 1945, in: Vierteljahrshefte für Zeitgeschichte 66 (2018) 2, S. 233–266.

Schilling 1941
Erich Schilling: „Blähungen", in: Simplicissimus 19 (46/1941), S. 295.

Scholder 1977 a
Klaus Scholder: Die Kirchen und das Dritte Reich, Bd. 1: Vorgeschichte und Zeit der Illusionen 1918–1934, Frankfurt a. M. 1977.

Scholder 1977 b
Klaus Scholder: Die Kapitulation des politischen Katholizismus. Die Rolle des Zentrum-Vorsitzenden Kaas im Frühjahr 1933, in: Frankfurter Allgemeine Zeitung Nr. 224 (1977), S. 9.

Schröder 2019
Stefan Schröder: „Euthanasie-Erlass" vor 80 Jahren: Anne, ermordet mit vier Jahren, in: LWL-Archivamt (Hg.): archivamtblog, Stand: 1.9.2019, https://archivamt.hypotheses.org/11170#more-11170, letzter Zugriff: 27.10.2023.

Schröder 2020
Christiane Schröder: Die niedersächsischen Frauenklöster im Nationalsozialismus – eine weithin unbekannte Welt, in: Blaschke/Großbölting 2020, S. 183–195.

Schulte 2019
Klaus Schulte: Glockenschicksale. Denkmalwerte deutsche Glocken: Verlust vor und nach 1945 – Glocken im Ostteil Berlins, o. O. 2019, S. 13–20.

Schulz 2010
Georg Schulz: Das Schwarze Korps und seine antikatholische Berichterstattung, Wien 2010.

Schwartz 2014
Michael Schwartz: Verfolgte Homosexuelle – oder Lebenssituationen von LSBT*QI*? Einführende Bemerkungen zu einem Forschungsfeld im Umbruch, in: Ders. (Hg.): Homosexuelle im Nationalsozialismus. München 2014, S. 11–17.

Seibt 2010
Gustav Seibt: Hier hören Sie das Schweigen des Papstes, in: Süddeutsche Zeitung (17.5.2010), https://www.sueddeutsche.de/kultur/papst-pius-xii-hier-hoeren-sie-das-schweigen-des-papstes-1.482051, letzter Zugriff: 6.2.2024.

Solmitz 2013 [1933]
Marie Luise Solmitz: Tagebuch, in: Beate Meyer (Ed.): Tagebuch Luise Solmitz, in: Dies./Frank Bajohr u. a. (Hg.): Bedrohung, Hoffnung, Skepsis. Vier Tagebücher des Jahres 1933, Göttingen 2013 [Original 1933], S. 143–270.

SPIEGEL 2022
o. N.: Vatikan veröffentlicht Briefe verfolgter Juden aus der NS-Zeit, in: SPIEGEL Panorama, Stand: 23.6.2022, https://www.spiegel.de/panorama/vatikan-veroeffentlicht-briefe-verfolgter-juden-aus-der-ns-zeit-a-8e9b5b28-f2d9-4bd0-ad30-c38e9b3fb48a, letzter Zugriff: 24.10.2023.

SS 1935
o. N.: Beurteilung vom SS-Standpunkt, in: Bundesarchiv Berlin, R 58/5764n, ca. 1935, Bl. 1292–1294, https://invenio.bundesarchiv.de/invenio/main.xhtml, letzter Zugriff: 9.1.2024.

Stegemann 1986 a
Wolf Stegemann: NS-Bürgermeister ließ Hitlers „Mein Kampf" in der Schublade, in: Ders. (Hg.): Dorsten nach der Stunde Null. Die Jahre danach 1945–1950 (Eine Dokumentation zur Zeitgeschichte 4), Dorsten 1986, S. 146–148.

Stegemann 1986 b
Wolf Stegemann: Die Bestrafung der Deutschen, in: Ders. (Hg.): Dorsten nach der Stunde Null. Die Jahre danach 1945–1950 (Eine Dokumentation zur Zeitgeschichte 4), Dorsten 1986, S. 132–137.

Steinacher 2008
Gerald Steinacher: Nazis auf der Flucht. Wie Kriegsverbrecher über Italien nach Übersee entkamen (Innsbrucker Forschungen zur Zeitgeschichte 26), Innsbruck 2008.

Strack 2020
Christoph Strack: Der Vatikan und die Rattenlinie, in: dw.com, Stand: 1.3.2020, https://www.dw.com/de/papst-vatikan-nazis/a-52450811, letzter Zugriff: 24.10.2023.

Strohm 2011
Christoph Strohm: Die Kirchen im Dritten Reich (= Beck'sche Reihe 2720), München 2011.

Strohm 2017
Christoph Strohm: Die Kirchen im Dritten Reich, München 22017.

Stüken 1999
Wolfgang Stüken: Hirten unter Hitlers Terror. Die Rolle der Paderborner Erzbischöfe Caspar Klein und Lorenz Jaeger in der NS-Zeit, Essen 1999.

Thamer 1988
Hans-Ulrich Thamer: Protestantismus und „Judenfrage" in der Geschichte des Dritten Reiches, in: Jochen-Christoph Kaiser/Martin Greschat (Hg.): Der Holocaust und die Protestanten. Analysen einer Verstrickung, Frankfurt a. M. 1988, S. 216–240.

Themel 1931
Karl Themel: Lenin anti Christus, Berlin 2. überarb. Aufl.1931.

Thierfelder 1992
Jörg Thierfelder: Die Kirchenpolitik der vier Besatzungsmächte und die evangelische Kirche nach der Kapitulation 1945, in: Geschichte und Gesellschaft 18/1 (1992), S. 5–21.

Toch 2013
Michael Toch, Die Juden im mittelalterlichen Recht (= Enzyklopädie deutscher Geschichte 44), Oldenbourg 12013.

Tröster 1993
Werner Tröster: „… die besondere Eigenart des Herrn Dr. Pieper!". Dr. Lorenz Pieper, Priester der Erzdiözese Paderborn, Mitglied der NSDAP Nr. 9740, in: Ulrich Wagener (Hg.): Das Erzbistum Paderborn in der Zeit des Nationalsozialismus (= Zeitgeschichte im Erzbistum Paderborn 2), Paderborn 1993, S. 45–91.

Volk 2004
Ludwig Volk: Nationalsozialistischer Kirchenkampf und deutscher Episkopat, in: Rainer Bendel (Hg.): Die katholische Schuld? Katholizismus im Dritten Reich – Zwischen Arrangement und Widerstand (= Wissenschaftliche Paperbacks 14), Münster 2., durchges. Aufl.2004, S. 96–105.

Vollnhals 1989
Clemens Vollnhals: Evangelische Kirche und Entnazifizierung 1945–1949. München 1989.

Wachskerz 1942
Martin Wachskerz: Brief an Papst Pius XII., Vatikanstadt, Archivio Apostolico Vaticano, Segreteria di Stato, Commissione Soccorsi 302, fasc. 1, fol. 33rv.

Wagener 1990
Ulrich Wagener: Priester und Laien in der katholischen Kirche als Opfer und Täter, in: Hubert Frankemölle (Hg.): Opfer und Täter. Zum nationalsozialistischen und antijüdischen Alltag in Ostwestfalen-Lippe, Bielefeld 1990, S. 147–164.

Weber 2018
Christiane Weber: Übersicht der Häftlingskennzeichnungen, in: Arolsen Archives, Stand: 31.10.2018, https://arolsen-archives.org/news/uebersicht-der-haeftlings-kennzeichnungen/, letzter Zugriff: 15.10.2023.

Wego 2014
Maria Wego: Unsere Geschichte, in: jugendhaus-duesseldorf.de, Stand: 2014, https://www.jugendhaus-duesseldorf.de/ueber-uns/geschichte, letzter Zugriff: 15.10.2023.

Weiler 1971
Eugen Weiler: Die Geistlichen in Dachau, Mödling 1971.

Wilmer 2020
Heiner Wilmer: Statement bei der Video-Konferenz zur Vorstellung des Wortes „Deutsche Bischöfe im Weltkrieg", in: Pressemitteilungen der Deutschen Bischofskonferenz, Stand: 29.4.2020, https://www.dbk.de/fileadmin/redaktion/diverse_downloads/presse_2020/2020-075b-Vorstellung-Wort-der-deutschen-Bischoefe-zum-75.-J-Kriegsende-Statement-Bi.-Wilmer.pdf, letzter Zugriff: 17.10.2023.

Winkler 2018
Heinrich August Winkler: Weimar 1918–1933: die Geschichte der ersten deutschen Demokratie, München 2018.

Wolf 2009
Hubert Wolf: Papst und Teufel. Die Archive des Vatikan und das Dritte Reich, München, 2. durchges. Aufl.2009.

Wolf 2022
Hubert Wolf: Verschlossen, verwechselt, verlegt, verbrannt. Das Schicksal der Weihnachtsansprache Pius' XII. von 1942, in: Vierteljahrshefte für Zeitgeschichte 70 (2022) 4, S. 723–759.

Wyrwa 2019
Ulrich Wyrwa: Zur Entstehung des Antisemitismus im Europa des 19. Jahrhunderts. Ursachen und Erscheinungsformen einer wahnhaften Weltanschauung, in: Mareike König/Oliver Schulz (Hg.): Antisemitismus im 19. Jahrhundert aus internationaler Perspektive, Göttingen 2019, S. 13–39.

ZEIT 2019
o. N: Vatikan öffnet geheime Archive zum Zweiten Weltkrieg, in: ZEIT ONLINE, Stand: 4.3.2019, https://www.zeit.de/gesellschaft/zeitgeschehen/2019-03/katholische-kirche-papst-franziskus-geheime-archive-zweiter-weltkrieg?utm_referrer=https%3A%2F%2Fwww.google.com%2F, letzter Zugriff: 24.10.2023.

Zipfel 1965
Friedrich Zipfel: Kirchenkampf in Deutschland 1933–1945 (Veröffentlichungen der Historischen Kommission zu Berlin 11), Berlin 1965.

Abbildungsverzeichnis

Katalog- und Essayabbildungen

Grußwort (S. 7)
LWL/Kapluggin, LWL/BOK+Gärtner GmbH Julia Cawley

Abb. 1 (S. 11)
bpk/Deutsches Historisches Museum/Sebastian Ahlers

Abb. 2 (S. 12)
Stadtarchiv Nürnberg, A 15 Nr. 41

Abb. 3 (S. 14–15)
George (Jürgen) Wittenstein/akg-images

Abb. 4 (S. 16–17)
Kreisarchiv Warendorf, S 3 Nr. 4779

Abb. 5 (S. 21)
Landesarchiv Thüringen – Staatsarchiv Altenburg, Plakate, Nr. 963

Abb. 6 (S. 22)
privat, Foto: LWL/Sarah Schaumburg

Abb. 7 (S. 24)
LWL/Sarah Schaumburg

Abb. 8 (S. 29)
St.-Martin-Schule Bösel

Abb. 9 (S. 30)
Bundesarchiv, NS 6/336

Abb. 10 (S. 31)
Kreismuseum Wewelsburg, Inv. Nr. 17308, Foto: LWL/Sarah Schaumburg

Abb. 11 (S. 35)
akg-images

Abb. 12 (S. 37)
bpk

Abb. 13 (S. 38–39)
Der Rechteinhaber konnte trotz sorgfältiger Recherche nicht festgestellt werden. Mögliche Rechteinhaber mögen sich daher bitte an die Stiftung *Kloster Dalheim* wenden.

Abb. 14 (S. 43)
LWL

Abb. 15 (S. 44–45)
bpk/Deutsches Historisches Museum/Sebastian Ahlers

Abb. 16 (S. 47)
LWL

Abb. 17 (S. 51)
© The Heartfield Community of Heirs / VG Bild-Kunst, Bonn 2024/Stiftung Haus der Geschichte

Abb. 18 (S. 52–53)
akg-images

Abb. 19 (S. 56–57)
© [2024] Archivio Apostolico Vaticano, Segreteria di Stato, Commissione Soccorsi 302, fasc. 1, fol. 33rv., by permission of the Archivio Apostolico Vaticano, all rights reserved

Abb. 20 (S. 61)
Glockensammlung, Lagerplatz der Hüttenwerke Kayser, 1943 – Foto Heinz Tarrach, Foto Slg. Stadtarchiv Lünen

Abb. 21 (S. 62)
LWL/Sarah Schaumburg

Abb. 22 (S. 65)
Kreismuseum Wewelsburg, Inv. Nr. 15536, Foto: LWL/Sarah Schaumburg

Abb. 23 (S. 69)
akg-images/picture-alliance/dpa

Abb. 24 (S. 70)
KNA-Bild/KNA

Abb. 25 (S. 71)
Archiv der Evangelischen Kirche im Rheinland, Düsseldorf: Best. 6HA 004 (Kirchenkampfakten Joachim Beckmann), B 30

Abb. 26 (S. 73)
Olaf Blaschke/grafische Umsetzung: Klein und Neumann, Kommunikationsdesign

Abb. 27 (S. 77)
Evangelisches Landeskirchliches Archiv in Berlin: Archivsignatur: ELAB 7.1/3469, Berlin Kirchengemeinde Mariendorf, Martin-Luther-Gedächtniskirche: Detailaufnahme Relief mit Hakenkreuzsymbolik

Abb. 28 (S. 78)
Evangelisches Landeskirchliches Archiv in Berlin: Archivsignatur: ELAB 166/15, Tagebuch des Wasyl Timofejewitsch Kudrenko

Abb. 29 (S. 80)
Christopher Beschnitt/KNA

Abb. 30 (S. 81)
Bayerisches Innenministerium, Public domain, via Wikimedia Commons

Abb. 31 (S. 85)
Universitäts- und Stadtbibliothek Köln, GBIV2649-1

Abb. 32 (S. 86–87)
Historisches Museum Frankfurt, X01628, Foto: Horst Ziegenfusz

Abb. 33 (S. 88)
Jüdisches Museum Westfalen, Foto: Thomas Ridder

Abb. 34 (S. 93)
Landesarchiv NRW – Abteilung Rheinland – NW 1039-G, Nr. 1866

Abb. 35 (S. 95)
Klein und Neumann, Kommunikationsdesign/ Vorlage von Gerald Steinacher: Nazis auf der Flucht. Wie Kriegsverbrecher über Italien nach Übersee entkamen, Studienverlag Innsbruck 2008, S. 32

Abb. 36 (S. 96)
Kieler Kurier, 1945, Landeskirchliches Archiv Stuttgart, Akte LKAS D 1 (Nachlass Theophil Wurm), Nr. 210

Schmuckblätter
S. 2, S. 67
Glockensammlung, Lagerplatz der Hüttenwerke Kayser, 1943 – Foto Heinz Tarrach, Foto Slg. Stadtarchiv Lünen

S. 4
akg-images/picture-alliance/dpa

S. 6
KNA-Bild/KNA

S. 8–9
Heritage Images/Historica Graphica Collection/akg-images

S. 19
bpk/Deutsches Historisches Museum/Sebastian Ahlers

S. 27
Landesarchiv Thüringen – Staatsarchiv Altenburg, Plakate, Nr. 963

S. 33
Bundesarchiv, NS 6/336

S. 41
Der Rechteinhaber konnte trotz sorgfältiger Recherche nicht festgestellt werden. Mögliche Rechteinhaber mögen sich daher bitte an die Stiftung *Kloster Dalheim* wenden.

S. 49
LWL

S. 59
akg-images

S. 75
Archiv der Evangelischen Kirche im Rheinland, Düsseldorf: Best. 6HA 004 (Kirchenkampfakten Joachim Beckmann), B 30

S. 83
Evangelisches Landeskirchliches Archiv in Berlin: Archivsignatur: ELAB 166/15, Tagebuch des Wasyl Timofejewitsch Kudrenko

S. 91
Jüdisches Museum Westfalen, Foto: Thomas Ridder

S. 99, S. 116, S. 123
Landesarchiv NRW – Abteilung Rheinland – NW 1039-G, Nr. 1866

S. 100-101, S.115
bpk/Deutsches Historisches Museum/Sebastian Ahlers

S. 102
Universitäts- und Stadtbibliothek Köln, GBIV2649-1

S. 112
bpk

S. 119
Kreisarchiv Warendorf, S 3 Nr. 4779

S. 120
Kieler Kurier, 1945, Landeskirchliches Archiv Stuttgart, Akte LKAS D 1 (Nachlass Theophil Wurm), Nr. 210

S. 125
LWL/Foto: Sarah Schaumburg

Autorinnen und Autoren

Dr. Oliver Arnhold,
Jahrgang 1967, ist seit 2011 Fachleiter und seit 2017 Kernseminarleiter für Evangelische Religionslehre am Zentrum für schulpraktische Lehrerausbildung in Detmold. Als Gymnasiallehrer unterrichtet er die Fächer Mathematik und Evangelische Religionslehre und lehrt seit 2001 als Dozent für Religionspädagogik und kirchliche Zeitgeschichte an der Universität Paderborn. Ein Schwerpunkt seiner Forschung liegt auf dem christlichen Antisemitismus zur Zeit des Nationalsozialismus mit besonderem Blick auf die evangelische Kirche. Arnhold ist Evangelischer Vorsitzender der Gesellschaft für christlich-jüdische Zusammenarbeit in Lippe.

Prof. Dr. Olaf Blaschke,
Jahrgang 1963, ist seit 2014 Professor für Neuere und Neueste Geschichte unter besonderer Berücksichtigung der Geschichte des 19. Jahrhunderts am Historischen Seminar der Universität Münster. Forschungs- und Lehrtätigkeiten führten Blaschke an die Universitäten in Trier, Heidelberg, Cambridge/Großbritannien und Lund/Schweden. Seinen Forschungsschwerpunkt bilden Themen der Neueren und der Neuesten Geschichte, insbesondere die Geschichte des Antisemitismus und die Religionsgeschichte, die Geschichte des Verlagswesens, des Nationalsozialismus, deutsch-jüdische Geschichte und Geschlechtergeschichte.

Dr. Ingo Grabowsky,
Jahrgang 1971, studierte Slavistik, Geschichte und Germanistik an den Universitäten Bochum, Zagreb/Kroatien und Jaroslavl'/Russland. Von 1999 bis 2003 lehrte Grabowsky an der Westfälischen Wilhelms-Universität Münster. Nach Abschluss der Promotion 2003 an der Ruhr-Universität Bochum (RUB) wirkte er bis 2008 am Haus der Geschichte der Bundesrepublik Deutschland in Bonn an zahlreichen Ausstellungsprojekten mit. Bis 2013 leitete Grabowsky ein Forschungsprojekt an der RUB, an der er seit 2008 auch als Lehrbeauftragter tätig war. Seit 2014 ist er Direktor und Geschäftsführer der Stiftung *Kloster Dalheim*. LWL-Landesmuseum für Klosterkultur.

Andreas Joch,
Jahrgang 1984, studierte Mittlere und Neuere Geschichte und Politikwissenschaften an der Justus-Liebig-Universität Gießen sowie am University College Cork in Irland. Joch arbeitete von 2010 bis 2014 als wissenschaftlicher Mitarbeiter am German Historical Institute in Washington D.C./USA. Seit 2016 ist er zunächst als wissenschaftlicher Volontär, seit 2018 als wissenschaftlicher Mitarbeiter bei der Stiftung *Kloster Dalheim*. LWL-Landesmuseum für Klosterkultur tätig.

Kirsten John-Stucke,
Jahrgang 1966, ist Historikerin und Leiterin des Kreismuseums Wewelsburg. Sie studierte von 1986 bis 1993 Neuere und Neueste Geschichte, Germanistik und Publizistik an der Universität Münster. Nach Station am Historischen Museum Bremerhaven folgte 1995 der Wechsel zum Kreismuseum Wewelsburg, das sie seit 2011 leitet. Sie ist Mitglied in verschiedenen Museumsverbänden und wissenschaftlichen Fachbeiräten, u.a. im Internationalen Beirat der Stiftung Topographie des Terrors oder der Gesellschaft für Christlich-Jüdische Zusammenarbeit in Paderborn e.V. Kirsten John-Stucke forscht und publiziert vorrangig zur Geschichte und Bedeutung der Wewelsburg, zum Konzentrationslager Niederhagen und zur Erinnerungskultur.

Carolin Mischer,
Jahrgang 1984, studierte Geschichte, Anglistisch-Amerikanistische Literatur- und Kulturwissenschaft sowie Kulturerbe an der Universität Paderborn und der Université Paris 1 Panthéon-Sorbonne in Frankreich. An der Universität Paderborn arbeitete sie von 2010 bis 2011 als wissenschaftliche Mitarbeiterin am Lehrstuhl für Materielles und Immaterielles Kulturerbe. 2012 wechselte Mischer zur Stiftung *Kloster Dalheim.* LWL-Landesmuseum für Klosterkultur, wo sie seit Juli 2014 als wissenschaftliche Referentin tätig ist. Mischer ist Projektleiterin der Sonderausstellung Und vergib uns unsere Schuld? Kirchen und Klöster im Nationalsozialismus.

Sonja Rakoczy,
Jahrgang 1996, studierte Buchwissenschaft sowie interdisziplinär im Bereich „Mittelalter und Frühe Neuzeit" mit dem Schwerpunkt Mittellatein an der Friedrich-Alexander-Universität Erlangen-Nürnberg (FAU). Im Anschluss arbeitete sie als freie Mitarbeiterin für Forschung am Institut für Alte Sprachen und Lateinische Philologie des Mittelalters an der FAU. Seit 2021 ist Rakoczy zunächst als wissenschaftliche Volontärin, seit 2023 als wissenschaftliche Mitarbeiterin bei der Stiftung *Kloster Dalheim.* LWL-Landesmuseum für Klosterkultur tätig.

Prof. Dr. Dr. h.c. Hubert Wolf,
Jahrgang 1959, ist Kirchenhistoriker und Priester. Seit 2000 ist Wolf Ordinarius für Mittlere und Neuere Kirchengeschichte an der Universität Münster. Von 1992 bis 2000 war er Professor für Kirchengeschichte an der Universität Frankfurt. Zu seinen Forschungsschwerpunkten zählen das Verhältnis der katholischen Kirche zum Nationalsozialismus sowie die Kirchen-, Theologie- und Frömmigkeitsgeschichte des 19. und 20. Jahrhunderts. Besondere Bekanntheit erlangte Wolf für seine Erforschung der vatikanischen Archive. Sein aktuelles Forschungsprojekt „Asking the Pope for Help" arbeitet die Bittschreiben auf, die Jüdinnen und Juden angesichts der nationalsozialistischen Vernichtungspolitik an den Vatikan richteten. Für sein Werk wurde Wolf unter anderem mit dem Leibniz-Preis ausgezeichnet.

… über Deutschland ab.

Manifest
…ünchner …

…ht unser Volk vor
… der Männer von
…00 deutsche Männer
…trategie des Welt…

...uld für endlose Leiden'

Evangelische Kirche bekennt Deutschlands Kriegsschuld

Zum ersten Male haben führende Männer der deutschen evangelischen Kirche Deutschlands Kriegsschuld bekannt, von gemeinsamer Schuld für endlose Leiden gesprochen und von dem Mangel an mutigem Widerstand durch die Kirche gegen das Nazi-Regime.

Dieses Bekenntnis wurde in einer einstimmigen Erklärung durch den Rat der deutschen evangelischen Kirche niedergelegt, der am 18. und 19. Oktober in Stuttgart seine Sitzung abhielt. Sie wurde von allen Anwesenden unterzeichnet, darunter von dem Präsidenten Bischof Wurm, dem Vizepräsidenten Dr. Martin Niemöller sowie von Bischof Dibel, Dr. Hans Liljen, Dr. Smend und Dr. Asmussen.

Die Erklärung

Diese Erklärung hat folgenden Wortlaut: „Der Rat der evangelischen Kirche in Deutschland begrüßt bei seiner Sitzung am 18. Oktober 1945 in Stuttgart Vertreter des ökumenischen Rates der Kirchen. Wir sind für diesen Besuch umso dankbarer, als wir uns mit unserem Volk nicht nur in einer großen Gemeinschaft leiden wissen, sondern auch in einer Solidarität der Schuld. Mit großem Schmerz sagen wir: Durch uns ist unendliches Leid über viele Völker und Länder gebracht worden. Was wir unseren Gemeinden oft bezeugt haben, das sprechen wir jetzt im Namen der ganzen Kirche aus. Wohl haben wir lange Jahre hindurch im Namen Jesu Christi gegen den Geist gekämpft, der im nationalsozialistischen Gewaltregiment seinen furchtbaren

mer (Holland), Dr. A. Koch (Schweiz), Dr. Cavera, Dr. Michelder, Pfarrer S. Herman (USA).

Es war dies das erste Mal, daß die Vertreter fremder Kirchen amtlicher Eigenschaft nach Deutschland gekommen waren und daß eine Diskussion darüber stattfand, wie die fremden Kirchen der deutschen evangelischen Kirche in ihren gegenwärtigen Nöten und Schwierigkeiten helfen könnten. Die Abordnung lud den Rat ein, im Februar Vertreter an den vorläufigen Ausschuß des Weltkirchenrates in Genf zu entsenden.

Die Einladung wurde angenommen, und Bischof Wurm und Martin Niemöller wurden als Abgesandte ernannt.

Konzept und Umsetzung

Gesamtkoordination
Dr. Ingo Grabowsky

Wissenschaftliche Projektleitung
Carolin Mischer

Projektteam
Andreas Joch (stellvertretende Projektleitung)
Sonja Rakoczy
Sarah Schaumburg

Museumspädagogisches Programm
Dr. Christiane Wabinski
Pia Berendes
Dr. Nicola Karthaus
Antje Nolte
Nicole Schäfer
Katrin Weidemann

Presse- und Öffentlichkeitsarbeit
Maria Tillmann
Alexandra Buterus
Eva-Maria Beyerstedt
Kristina Schellenberg
Jana Klünder

Dauerausstellung und Sammlung
Dr. Helga Fabritius
Elisa Maschkio
Jolena Pillen

Verwaltung
Katrin Bachtrop
Katharina Benedix
Manuela Grunert
Nicole Kolhoff
Manuela Tölle
Karina Wibbeke

Klostergärten
Andreas Bogel
Hiltrud Jochheim

Technischer Dienst und Werkstatt
Michael Kotthoff
Marcus Siekaup
Christoph Lücking
Joachim Ernesti
Brian Höpfner
Marcus Schürmann
Jochen Kuhlmann

Ausstellungsarchitektur und -grafik
beier+wellach projekte, Berlin

Ausstellungsbau
MWB Theater- und Veranstaltungs GmbH, Berlin

Ausstellungsgrafik und Medien
Id3d-berlin GmbH, Berlin

Für ihre Unterstützung bei der Projektumsetzung danken wir besonders

Für das Kuratorium der Stiftung *Kloster Dalheim*
Dr. Georg Lunemann, Vorsitzender des Kuratoriums

Dem Vorstand der Stiftung *Kloster Dalheim*
Dr. Barbara Rüschoff-Parzinger, Vorsitzende des Vorstands
Christoph Rüther, Landrat des Kreises Paderborn
Fritz-Wilhelm Pahl, Sprecher des Stifterkollegs

Für den Landschaftsverband Westfalen-Lippe (LWL)
Dr. Georg Lunemann, Der Direktor des Landschaftsverbandes Westfalen-Lippe
Klaus Baumann, Der Vorsitzende der Landschaftsversammlung Westfalen-Lippe

Für die LWL-Kulturabteilung
Dr. Barbara Rüschoff-Parzinger, LWL-Kulturdezernentin
Thomas Ernstschneider

Für den LWL-Bau- und Liegenschaftsbetrieb
Ulrich Beyer
Franz-Josef Funke

viel mit unserem Herrn Amtsbürgermeister
verkehren.

ich hiermit, dass Herr Dr. Gronover seine
oster in diesen Jahren nie auch nur irgend
nem Geiste hat tragen lassen.

ter unserem Kloster offensichtliches Wohl

over hat mir mehrere Male rechtzeitig Wink
unserem Kloster Gefahren drohten, so dass
Abwehrmassnahmen treffen konnte.

ich auch überzeugt, dass der vielbemerkte
r Partei auch auf den stets mässigenden E
rückzuführen ist.

. 1946.

Wir bedanken uns bei unserem wissenschaftlichen Beirat

Dr. Oliver Arnhold
Dozent für Religionspädagogik und kirchliche Zeitgeschichte an der Universität Paderborn;
Fachleiter für Evangelische Religionslehre am Zentrum für schulpraktische Lehrerausbildung in Detmold

Prof. Dr. Olaf Blaschke
Professor für Neuere und Neueste Geschichte unter besonderer Berücksichtigung der Geschichte des 19. Jahrhunderts am Historischen Seminar der Universität Münster

Dr. Gisela Fleckenstein
stellvertretende Vorsitzende der Kommission für kirchliche Zeitgeschichte im Erzbistum Paderborn;
Leiterin des Landesarchivs Speyer

Hermann Großevollmer
Mitglied der Kommission für kirchliche Zeitgeschichte im Erzbistum Paderborn

Kirsten John-Stucke
Leiterin des Kreismuseums Wewelsburg in Büren-Wewelsburg,
Mitglied im Stiftungsbeirat der Topographie des Terrors (Berlin)

Dr. Kathrin Pieren
Leiterin des Jüdischen Museums Westfalen in Dorsten

Prof. Dr. Dr. h.c. Hubert Wolf
Direktor des Seminars für Mittlere und Neuere Kirchengeschichte an der Universität Münster;
Leiter des Forschungsprojekts „Asking the Pope for Help"

Rundfunk-Übertragung verboten

ELECTROLA

JEDE FRAU HAT IRGENDEINE SEHNSUCHT
Slowfox aus der Operette „Eine Frau, die weiß, was sie will" (Oscar Straus) Text: Grünwald

FRITZI MASSARY mit ORCHESTER
Dirigent: Hans Schindler
SOPRAN
mit Orch.
(60-2027)

B.I.E.M.

Kat. Nr.
E. G.
2605

Electrola Gesellschaft m. b. H.- Nowawes und Berlin

Wir bedanken uns bei unseren Leih- und Lizenzgebern

Abingdon/Großbritannien, Alamy
Altenburg, Landesarchiv Thüringen – Staatsarchiv Altenburg
Arnsberg, Privatleihgeber
Augsburg, Kongregationsarchiv der Kongregation der Barmherzigen Schwestern vom Hl. Vinzenz von Paul, Mutterhaus Augsburg
Bad Arolsen, Arolsen Archives
Bad Honnef-Rhöndorf, Stiftung Bundeskanzler-Adenauer-Haus
Berlin, akg-images
Berlin, Archiv für Diakonie und Entwicklung
Berlin, Archiv des Katholischen Militärbischofs für die Deutsche Bundeswehr (AKMB)
Berlin-Lichterfelde, Bundesarchiv
Berlin, bpk-Bildagentur
Berlin, Bridgeman Image
Berlin, Diözesanarchiv Berlin
Berlin, Gedenkstätte Deutscher Widerstand
Berlin, Evangelisches Landeskirchliches Archiv
Berlin, Evangelisches Zentralarchiv
Berlin, Evangelische Kirchengemeinde Berlin-Mariendorf
Berlin, Geheimes Staatsarchiv Preußischer Kulturbesitz
Berlin, Jehovas Zeugen in Deutschland, K. d. ö. R.
Berlin, Landessynode der Evangelischen Kirche Berlin-Brandenburg-schlesische Oberlausitz (EKBO)
Berlin, Nino Bulling
Berlin, Staatliche Museen zu Berlin, Münzkabinett
Berlin, Staatsbibliothek zu Berlin – Preußischer Kulturbesitz
Berlin, Stiftung Deutsches Historisches Museum
Biberach, Museum Biberach
Bochum, Privatleihgeber
Bonn, Archiv der sozialen Demokratie der Friedrich-Ebert-Stiftung e.V.
Bonn, Stiftung Haus der Geschichte der Bundesrepublik Deutschland
Bonn, Katholische Nachrichten-Agentur GmbH (KNA)
Bonn, Verwertungsgesellschaft Bild-Kunst (VG Bild-Kunst)
Bösel, St.-Martin-Schule
Braunschweig, Stadtarchiv
Braunschweig, Technische Universität, Bet Tfila – Forschungsstelle für jüdische Architektur
Bremen, Bremer Rundfunkmuseum e.V.
Büren, Kreismuseum Wewelsburg
Detmold, Dr. Oliver Arnhold
Detmold, LWL-Freilichtmuseum
Dinklage, Freundeskreis Pater August Benninghaus SJ
Dorsten, Franziskanerkloster St. Anna
Dorsten, Jüdisches Museum Westfalen
Dorsten, Ursulinenkloster
Dortmund, LWL-Museen für Industriekultur, Westfälisches Landesmuseum
Dortmund, Stadt- und Landesbibliothek
Dresden, SLUB Dresden, Deutsche Fotothek
Duisburg, Landesarchiv Nordrhein-Westfalen Abteilung Rheinland
Düsseldorf, Archiv der Evangelischen Kirche im Rheinland
Düsseldorf, Archiv des Jugendhauses Düsseldorf e.V.
Eggenthal, Prof. Dr. Michael von Cranach
Eisenach, Evangelisch-Lutherische Kirchengemeinde
Esslingen, Foto Aeckerle
Esslingen, Pfarrer Markus Scheifele
Frankfurt am Main, Deutsches Rundfunkarchiv, Stiftung von ARD und Deutschlandradio
Frankfurt a. M., dpa Picture-Alliance GmbH
Frankfurt a. M., Hessischer Rundfunk
Frankfurt a. M., Historisches Museum Frankfurt
Freiburg i. B., Erzbischöfliches Ordinariat
Freiburg i. B., Archiv des Deutschen Caritasverbands e.V.
Gescher, Westfälisches Glockenmuseum
Geseke, Städtisches Hellweg Museum
Grävenwiesbach, Rechtsanwalt Stephan
Heidelberg, Dokumentations- und Kulturzentrum Deutscher Sinti und Roma
Halle (Saale), Martin-Luther-Universität Halle-Wittenberg, Universitäts- und Landesbibliothek Sachsen-Anhalt in Halle (Saale)
Hamburg, Institut für die Geschichte der deutschen Juden
Hamburg, Museum für Kunst und Gewerbe
Hamburg, Rowohlt Theater Verlag
Hamburg, Staatsarchiv
Hamm, Verlag Liboriusblatt GmbH & Co. KG
Hannover, Klosterkammer Hannover
Hattingen, Nikolaus Groß Niederwenigern e.V.
Jena, Friedrich-Schiller-Universität, Kustodie (Kunstsammlung)
Kalletal, Privatleihgeber
Koblenz, Bundesarchiv
Koblenz, Landeshauptarchiv
Köln, Historisches Archiv des Erzbistums Köln
Köln, Universitäts- und Stadtbibliothek
Köln, Westdeutscher Rundfunk (WDR)
Konstanz, Klosterarchiv Zoffingen
Landsberg a. Lech, Europäische Holocaustgedenkstätte Stiftung e.V.
Leutkirch, Waldburg-Zeil'sches Gesamtarchiv, Schloss Zeil
Lüdenscheid, Museen der Stadt Lüdenscheid, Geschichtsmuseum
Lüneburg, Kloster Lüne
Lünen, Stadtarchiv Lünen
Mainz, Wissenschaftliche Stadtbibliothek
Mainz, Zweites Deutsches Fernsehen (ZDF)
Marsberg, Evangelische Kirchengemeinde

Weiterer Dank gilt

Menden, Sammlung Luftfahrt Industrie Westfalen
Meschede, Abtei Königsmünster
München, Archiv und Bibliothek des Erzbistums München und Freising
München, Archiv der Zentraleuropäischen Provinz der Jesuiten (APECESJ)
München, Bayerisches Hauptstaatsarchiv
München, Bayerischer Rundfunk (via Telepool GmbH)
München, Bayerische Staatsgemäldesammlungen – Neue Pinakothek
München, Getty Images Deutschland
München, Sankt Michaelsbund Diözesanverband München und Freising e.V.
München, Süddeutsche Zeitung Photo
Münster, Förderverein Kloster Vinnenberg e.V.
Münster, LWL-Archivamt für Westfalen
Münster, Prof. Dr. Dr. h.c. Hubert Wolf
Münsterschwarzach, Archiv der Abtei Münsterschwarzach
Nürnberg, Landeskirchliches Archiv
der Evangelisch-Lutherischen Kirche in Bayern
Nürnberg, Museum Industriekultur, Museen der Stadt Nürnberg
Nürnberg, Stadtarchiv
Ohne Ort, Prof. Dr. Gerald Steinacher
Oberhausen, LVR-Industriemuseum – Rheinisches Landesmuseum
für Industrie- und Sozialgeschichte
Osnabrück, Niedersächsisches Landesarchiv – Abteilung Osnabrück
Potsdam, Brandenburgisches Landeshauptarchiv
Quedlinburg, Ev. Kirchengemeinde
Rotenburg a.d. Fulda, Kreisausschuss/Kreisheimatmuseum
Rottenburg, Diözesanarchiv
Schleiden, Vogelsang IP gemeinnützige GmbH
Speyer, Kulturelles Erbe – Stadtarchiv, Museen, Gedenkstätten
Sterzing/Italien, Pfarrei Maria Geburt
Stuttgart, Landeskirchliches Archiv
Stuttgart, Württembergische Landesbibliothek
Telgte, RELíGIO Westfälisches Museum für religiöse Kultur GmbH
Tornitz, Santa-Maria Schäfer
Vatikanstadt/Italien, Archivio Apostolico Vaticano (AAV)
Vatikanstadt/Italien, Archivio Storico della Segretaria di Stato.
Sezione per i Rapporti con gli Stati e le Organizzazioni internationali (ASRS)
Kreis Viersen, Niederrheinisches Freilichtmuseum
Warendorf, Kreisarchiv
Washington, DC/USA, US Holocaust Memorial Museum
Wien/Österreich, Österreichische Nationalbibliothek
Witzenhausen, Archiv der deutschen Jugendbewegung Burg Ludwigstein
Worms, Jüdisches Museum – Raschihaus
Xanten, Internationaler Karl-Leisner-Kreis e.V.

Bad Wünnenberg-Fürstenberg, Lotta Stahl
Berlin, Ingo Langner
Berlin, Dr. Beate Rossié
Berlin, Dr. Gotthard Klein
Dinklage, Hermann Rieke-Benninghaus
Freiburg, Dr. Christoph Schmider
Herne, Ralf Piorr
Herne, Herbert K. Thomas
Hopsten, Niklas Reike
Mainz, Prof. Dr. Jochen Schmidt
Meschede, Abt em. Stephan Schröer OSB (Abtei Königsmünster)
Paderborn, Jolena Pillen
Paderborn, Prof. Dr. Harald Schroeter-Wittke
Paderborn, Dr. Gerlinde Gräfin von Westphalen
Selters, Marcel Nau

Impressum

Und vergib uns unsere Schuld?
Kirchen und Klöster im Nationalsozialismus
Begleitband zur Sonderausstellung
der Stiftung *Kloster Dalheim*. LWL-Landesmuseum
für Klosterkultur vom 17. Mai 2024 bis 18. Mai 2025.

Herausgeber
Stiftung *Kloster Dalheim*. LWL-Landesmuseum
für Klosterkultur/Ingo Grabowsky

Aufsätze und weitere Texte
Oliver Arnhold
Olaf Blaschke
Ingo Grabowsky
Andreas Joch
Kirsten John-Stucke
Carolin Mischer
Sonja Rakoczy
Hubert Wolf

Redaktion
Maria Tillmann, Carolin Mischer
Bildredaktion: Sarah Schaumburg
Literaturverzeichnis: Sonja Rakoczy

Gestaltung
Klein und Neumann
KommunikationsDesign, Iserlohn

Verlag
Schnell & Steiner, Regensburg

Druck
Gutenberg Beuys Feindruckerei, Langenhagen

Bibliographische Informationen der Deutschen Nationalbibliothek: Die Deutsche Nationalbibliothek verzeichnet diese Publikation in der Deutschen Nationalbibliographie; detaillierte bibliographische Daten sind im Internet über https://portal.dnb.de abrufbar.

1. Auflage 2024
© 2024
Verlag Schnell & Steiner GmbH
Leibnizstraße 13, 93055 Regensburg

ISBN 978-3-7954-3902-6

Alle Rechte vorbehalten. Ohne ausdrückliche Genehmigung des Verlags ist es nicht gestattet, dieses Buch oder Teile daraus auf fototechnischem oder elektronischem Weg zu vervielfältigen.

Weitere Informationen zum Verlagsprogramm erhalten Sie unter: www.schnell-und-steiner.de